谨以此书献给迷茫、焦虑的父母

父母格局

拥有格局视野，发现孩子的优势

[日]石田胜纪 著

赵晓菲 译

南海出版公司

2024·海口

图书在版编目（CIP）数据

父母格局 /（日）石田胜纪著；赵晓菲译. -- 海口：南海出版公司, 2024.4
ISBN 978-7-5735-0731-0

Ⅰ.①父… Ⅱ.①石…②赵… Ⅲ.①家庭教育 Ⅳ.①G78

中国国家版本馆CIP数据核字(2024)第030900号

著作权合同登记号　图字：30-2023-085
KODOMONO CHOSHO WO NOBASU ITSUTSU NO SHUKAN
by Katsunori Ishida
Copyright © 2021 by Katsunori Ishida
All rights reserved.
First published in Japan in 2021 by SHUEISHA Inc., Tokyo.
Simplified Chinese translation rights arranged by SHUEISHA Inc., Tokyo through NIPPAN IPS Co., Ltd.

本书由日本集英社授权北京书中缘图书有限公司出品并由南海出版公司在中国范围内独家出版本书中文简体字版本。

FUMU GEJU
父母格局

策划制作：北京书锦缘咨询有限公司
总 策 划：陈　庆
策　　划：宁月玲

著　　者：	［日］石田胜纪
译　　者：	赵晓菲
责任编辑：	张　媛
排版设计：	刘岩松
出版发行：	南海出版公司　电话：（0898）66568511（出版）　（0898）65350227（发行）
社　　址：	海南省海口市海秀中路51号星华大厦五楼　邮编：570206
电子信箱：	nhpublishing@163.com
经　　销：	新华书店
印　　刷：	天津市蓟县宏图印务有限公司
开　　本：	889毫米×1194毫米　1/32
印　　张：	4.75
字　　数：	96千
版　　次：	2024年4月第1版　2024年4月第1次印刷
书　　号：	ISBN 978-7-5735-0731-0
定　　价：	49.00元

南海版图书　版权所有　盗版必究

你能说出多少个孩子的优点

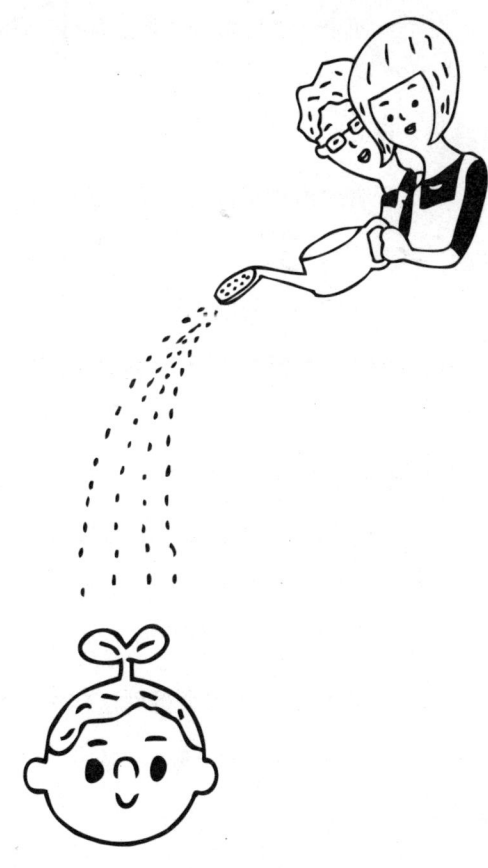

有个问题想问问大家。

你家孩子有什么优点?

我们把时间限制在一分钟内。

三个?四个?随便多少个优点都行,请想想看。

怎么样?

一下子就想出孩子身上的优点了吗?

那么,再问一个问题。

请告诉我,你家孩子身上的缺点。你能想到什么呢?

"能想到很多缺点,但是……"

"想不出优点,但是缺点能想到很多。"

"我家孩子没有优点。"

大多数情况下,我都会得到这样的答案。即便是最关心教育的父母,也能轻易指出孩子的缺点,但发现孩子身上的优点似乎并不容易。

为什么我们会想不出优点呢?

这是因为,父母往往会将孩子的优点视为"本来就该做到的事",所以即便真的想回答这个问题,也没办法将孩子的优点脱口而出。

另一方面,如果一说到"缺点",就把它和平日里一看就是孩子缺点的事联系起来,那自然会数不胜数。**父母希望自己的孩子能够"攻克不擅长的领域",以至于在不知不觉中变得只去关注孩子的缺点。**

当然,在面对孩子的缺点时,妈妈们可能会忍不住进行"善意的提醒"。

"不可以这么做!"

"我跟你说过多少次了!"

"如果现在不纠正过来,会耽误一辈子的。"

"比平均分还低,多丢人。"

"又算错了。"

"就这还是你努力过的结果?"

这样的措辞中传达出的,是妈妈们热烈的希冀:"现在这样下去会出问题,所以必须尽快纠正过来!"。

我自己也有两个儿子,所以我很清楚,关心孩子的父母肯定都想纠正孩子的缺点。

但是每当有这样的想法,你的潜意识里是不是也夹杂着一些指责孩子的情绪?

"我家孩子就是不行啊!"
"做任何事都很磨蹭。"
"连这种小事都不能让人满意。"
"至少拿到平均分吧。"
"不管干什么都很快就放弃了……"

其实要否定自己心爱的孩子,父母的内心怎会波澜不惊?看着眼前孩子的所作所为,发现他身上的缺点越来越明显,父母会不由自主地责备孩子,通过否定孩子,来对孩子的缺点展开攻击。

如果我说这种"纠正缺点"的过程,正是折损孩子自信心、使其学习成绩下降的罪魁祸首,你会怎么想?

二十岁的时候,我开了一家补习班,到目前为止,亲自指导了超过三千五百个孩子。如果算上演讲和研讨会,教过的孩子应该已经达到了五万人。我遇到的许多孩子和他们的父母,使我确信了这样两个事实:

- 父母对孩子缺点的挑剔可能会毁了孩子的天赋。
- 通过发展优点,孩子的学习能力和才能会得到提高。

这与"自我肯定感"有关系。

自我肯定感是指拥有一种能够肯定自己的情绪。我个人认为这是一种"相信自己是有价值的人,真正相信自己是可贵的存在"的心态。

这是一种接纳自我,对自己充满信心的积极情绪。

自我肯定感较高的孩子,会拥有以下优点:

- **自己主动学习。**
- **能够很好地表达自己的观点。**
- **不会轻易受到打击。**
- **对别人和自己都很宽容(温柔)。**
- **不怕失败。**
- **不会进行无谓的争吵。**
- ……

这样的孩子在相信自己的同时,也相信他人,相信自己身处的世界,因此具有良好的交流协作能力,能够自然而然地对任何事物都保持乐观的心态。

通过大量的训练，培养出对失败的承受能力后，孩子会变得乐于主动迎接挑战。在不断试错中，成功之路便被进一步拓宽了。

拥有高度自我肯定感的孩子，已经为自己打好了"主动掌握幸福生活"的基础。

关于如何提高孩子的自我肯定感，我在拙作《父母金句》中有详细介绍，如有兴趣可以一览。

接下来，让我们转换一下话题。

从 2020 年春天开始，新型冠状病毒肺炎席卷全球，迫使我们陷入一场始料未及的疫情中。

疫情造成的某些强制性社会变化不仅在很大程度上持续改变着世界局势、经济走向，更使我们的生活本身与意识发生了很大改变。

当然，教育领域也发生了令人眼花缭乱的变革，包括课程与作业的网络化以及考试的网络化。

二十一世纪已经过去了二十年，教育和养育孩子的方法发生了许多变化。然而，这种缓慢变化将因疫情以意想不到的速度加速发展，并将抵达一个颠覆过往常识之处。不，我们甚至不知道要如何"安全着陆"。

唯一可以肯定的是，现在，我们需要的不再是大规模生产和大规模消费时代所珍视的"从众"。

像昭和时代[1]的上班族一样，以成为大企业的一员为目标，按照大多数人的人生轨迹安然度过一生——而在现在的日本，即使搭上了这艘"旧船"，也不可能看得到光明的未来。日本的"终身雇佣制"，将在不远的未来彻底崩溃。

即便不是这样，随着网络社会的成熟，人们的工作方式也发生了很大的变化。现在每个人都可以发布信息，而且不论身处何地也都可以接收信息。

不必去办公室也可以远程办公。实时与全世界的人进行沟通也已经不再是天方夜谭。这样的变化，将彻底改变我们的社会和工作方式。

将爱好作为事业的工作机会不断增加，我们将迎来一个更加需要"非我莫属"的精神，更加需要鲜明的个人特色与能力的社会。

生活在这样一个新时代的孩子所需要的，正是"灵活运用知识，发挥个性"的能力。换句话说，就是要成为一个不顾忌年龄，无论在什么地方都能坚强、快乐地生存下去的人。

---

1 昭和时代指公元 1926 年 12 月 25 日至 1989 年 1 月 7 日。——译者注

当我在演讲会或网络分享会上提到这些时，许多家长都会不安地说："我家孩子没有这种特殊的天赋和能力。如果这个世界真要改变，我觉得还不如让他把一般人会的技能都牢牢掌握住更好。"

家长们想象中的所谓"具有特殊能力和天赋的孩子"，可能是十岁左右的天才棋手、青少年天才高尔夫选手、出演电视节目的天才儿童程序员、年轻画家和设计师，等等。

然而，以极少数的天才、顶尖运动员和艺术家为标杆，随便认为"我家孩子不是什么天才，所以必须给他灌输大量常识才能生存下去"——这样的想法就一定正确吗？

"每一个孩子都是天才。"

这绝非虚言，**每个孩子都怀揣着只属于他的独特天赋和个性能力的种子。**它十分微小，随意地出现在生活中，以至于大多数父母常常忽略它，甚至将其误解为坏习惯或缺点。

教育虽然不存在标准答案，但是你要知道，有些教育孩子的方式绝对是错误的。

这本书是为无法回答开篇那些问题的父母而写的。如果能够让以前没有发现的孩子的优点发挥出来，孩子的成绩就会迅速提高。这是经过验证的，毋庸置疑。

所以，首先，请试试本书中的建议。相信过不了多久，不仅是孩子，家长脸上的笑容也会变得更加灿烂。

让我们向着美好的未来，一起开始行动吧！

第1章　别让你的挑剔，埋没了孩子的天赋

焦虑是你挑剔孩子的原因吗　　018
焦虑源自什么　　022
父母的期盼反而增加了焦虑　　025
没有孩子能"一点就通"　　027
"父母总是比孩子高明吗"　　030
父母应该像孩子的"同学"一样　　032
管教孩子不是"强加意愿"　　034
拥有棱角，也很重要　　037

第2章　优点究竟是什么

优点是什么？缺点又是什么　　044
未必"父母所期盼的"才是优点　　047
试着把缺点"转化"为优点　　050
兴趣是优点的"指向标"　　054
优点是通往成功的入场券　　057

第3章 发现孩子优点的 5 个习惯

优点隐藏在细微之处 062
[习惯❶] 不挑剔孩子的缺点 064
[习惯❷] 活用六个技巧来悦己 067
[习惯❸] 让三句"魔法金句"成为口头禅 078
[习惯❹] 欢迎"失败"与"犯错" 081
[习惯❺] 寻找"令孩子着迷的三大兴趣" 085

第4章 育儿难题,你问我答

Q1 语文成绩太差了,怎么提高学习积极性? 096
Q2 孩子问我学习的意义,我该如何回答? 098
Q3 学东西总是坚持不下来,还要继续尝试吗? 101
Q4 孩子的做法好像是在伤害他人,怎么办? 103
Q5 优先"兴趣"还是"擅长"? 105
Q6 孩子说脏话该怎么办? 107
Q7 如何有效缓解孩子的厌学情绪? 110
Q8 怎样兼顾学习和兴趣爱好? 114
Q9 应该去私立中学还是公立中学? 116
Q10 好不容易考上心仪的学校,学习却跟不上? 120
Q11 孩子不会收拾房间,如何让她爱整洁? 122

Q12 孩子没有朋友,她的未来何去何从? 125

Q13 怎样才能让孩子的爸爸少发牢骚? 127

第5章 **父母笑逐颜开,孩子才能更好成长**

教育孩子不需要太认真 132

选择"笑着生活"吧 135

近在咫尺的"释放"策略 138

成为一个充满好奇心的"小大人" 140

家长感兴趣的内容,可以让孩子一起学 142

育儿就像做实验 144

妈妈好,才是真的好 146

后 记 149

寻找优点的环球之旅

第 1 章

别让你的挑剔，
埋没了孩子的天赋

请……
请停手吧！

焦虑是你挑剔孩子的原因吗

"快换衣服,我都跟你说几次了?"
"又要迟到了!"
"你再不收拾,我就全扔了!"
"为什么不早点把作业给我看?"
"每个月花这么多钱上补习班,结果你连这种题都不会做?"
"赶紧去洗澡!"
"你姐姐比你乖多了。"

关心则乱,家长有时会不由自主地批评孩子。如果孩子真的能够主动学习、守时且整理好房间,或许家长也不需要"挑剔",但是要记住,每个孩子都是独一无二的。

不学习,不守时,无法自理……理想和现实之间的差异越大,家长挑剔孩子的次数也就越多。但是,所谓"孩子"这种生物,你越唠叨,他就越不听你的。而每当妈妈的焦虑情绪进一步积累,新一轮的"挑剔"就又开始了。

一直以来，通过演讲会和"妈妈学习会"（小班制学习小组）等活动，我与无数位妈妈进行了面对面的交流。

通过与超过七千五百名妈妈们的坦诚交流，我发现她们挑剔孩子的主要原因是妈妈（她们自己）的焦虑感。

我们对妈妈们进行了主题为"妈妈们的焦虑"的问卷调查，得到的结果如下。

Q 育儿中的哪些时刻会让你感到焦虑？

"明明就快迟到了，却磨磨蹭蹭不作准备。"

"自己不收拾房间。"

"说了几次也不去学习。"

"老是在玩游戏。"

"我工作很忙，但家务却堆积如山的时候。"

"同样的错误重复犯了好几次，却还不当回事。"

"脱下来的衣服到处乱丢。"

"考试成绩太差了。"

"决定好的事情不做，逃课，不遵守约定。"

"吃饭太慢了。"

"无法自理。"

"俩孩子又吵起来了。"

"到最后一刻才交作业。"

"随便乱扔东西。"

"总爱哭,认为只要哭就能解决问题。"

"当我忍着不催促的时候。"

对于"孩子老是不听话"的不满,早已在日常生活中根植于妈妈们的内心深处。

当这些事情触发了焦虑情绪,本来就令人十分在意的缺点就变得愈发明显,那一刻妈妈们再也无法保持沉默,那一刻便是妈妈怒火"喷发"的时候。

"虽然我也知道(这样不好),但是今天还是没忍住,还是(对孩子)大吼大叫了。一旦冷静下来,就会因为自己刚刚的表现而陷入自责。但是到了第二天,还是忍不住喋喋不休地说教。"

要好好教育孩子的使命感,与要把孩子培养成一个正直的人的愿望相结合,便构成了独一无二的"父母教育指导"。

但是,当父母充满焦虑的时候,他们能找得到孩子的优点吗?

怀着使命感教育孩子非常难得,但是如果你找不到孩子的

优点，那么很不幸，或许你家孩子的天赋就被埋没了。

虽然也有不少孩子在离开父母身边后发挥出才能，但是在父母对孩子的不断挑剔之下，大多数孩子的天赋不太可能开花结果。

焦虑源自什么

永远摆脱不了焦虑循环,其原因究竟为何?"就算知道了焦虑的原因也没什么用,反正还是会焦虑。"不,不能就这样轻言放弃,因为这与孩子的未来息息相关。

我认为:产生焦虑的最主要原因是家长的"孤立化"。

在这个时代,离开父母、独自抚养孩子开始变得很常见。不知从什么时候起,呼吁追求个人信息和隐私保护的声音逐渐多了起来,那些会告诉你"就算放养孩子他也能顺利长大"的长辈消失不见了。

然后,很多父母开始意识到:孩子虽然生下来了,却没有老师或长辈来教你该如何抚养。

一旦开始育儿,你就会发现日常工作量是庞大的。除了打扫、洗衣等日常家务外,还会蹦出一大堆意想不到的"业绩指标"。

孩子没头没尾地突然说肚子疼并且开始哭闹；打印出来的资料总被压在书包底下，等"打捞"出来的时候已经揉成一团；兼顾职场的妈妈们还有可能面临晚上因孩子哭闹而失眠，白天精神不佳被上司指责的处境……这些自然会令人感到身心俱疲。

像这样每天都在完成艰巨任务的妈妈们简直是女超人。当任务超出了可以容忍的程度时，想要尖叫是很正常的反应。哪怕只是想象一下那样的情况，我都会立刻变得很沮丧。

情况如此糟糕，而恰好没有一个可以畅所欲言的倾诉对象，那么你陷入负面情绪的旋涡是情有可原的。

这也就是我举办"妈妈学习会"的初衷。**孤立无援的妈妈们需要一个地方来倾诉她们在育儿方面的烦恼。**

"好久没和朋友见面聊天了，感觉好多了。"

相信每个人都有过这样的经历——人，只要能跟他人说说话，就会感觉轻松很多。

参与"妈妈学习会"的许多妈妈们也常笑着说："聊了很多，感觉轻松不少。面对孩子的时候也不会那么不耐烦了。"

如果能在网上找到兴趣沙龙或育儿社区，请积极参与其中，你一定会遇到和你有同样烦恼的妈妈们。

虽然聊天不可能解决所有问题,但是多少可以减轻一下令人无法承受的心理负担。

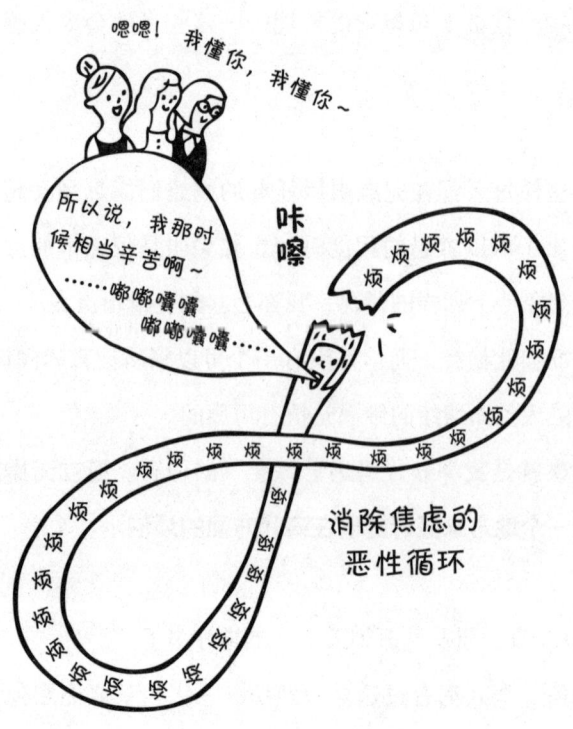

父母的期盼反而增加了焦虑

孤立无援的妈妈们独自忙于育儿时,焦虑加深的另一大原因在于孩子的"学习力"。

有些妈妈可能会觉得,自己其实并没有那么在意孩子的学习力。

那就让我们先来做个假设。

假设你家孩子的成绩在年级名列前茅,那么即便孩子在家总是玩游戏,但只要维持成绩就很可能进入理想大学。那样的话,对家庭经济上也会有较大帮助。

你会对这样的孩子说"别总玩游戏了,快点学习"吗?

我在"妈妈学习会"讲这个假设时,很多妈妈们会毫不犹豫地回答:"不,不会说。"

"孩子总玩游戏不学习"是许多妈妈的烦恼,但焦虑的根源并非游戏。**"如果每天都玩游戏,一定会对学习能力产生负面影**

响",对孩子学习能力下降的担忧才是焦虑增加的元凶。

通过这样的举例,很多妈妈意识到,孩子的学习能力其实一直在她们的脑海里打转。

当然,我并非说家长可以不在意孩子的学习力或成绩,而是首先要意识到自己的焦虑源自对孩子"学习力"的担忧。虽然这只是一个小小的意识上的转变,但是对于后期的焦虑剥离来说却举足轻重。

想提高孩子的学习力,必须另辟蹊径。根据我的经验,从来没听说过哪家孩子因为父母的焦虑、挑剔提高了学习成绩。得知了这一点,你的焦虑是不是也能多少减轻一点呢?

育儿过程中出现焦虑不安的情绪是很正常的,没有人能完全控制住自己。既然如此,我的建议是至少应该减少焦虑发作的次数。

没有孩子能"一点就通"

"我的孩子不会整理房间。请问有什么好的教育方法吗?"

常有妈妈会给我发来诸如此类的问题。孩子不会好好跟人打招呼,孩子不会收拾房间,孩子不守时……除了学习之外,妈妈们不满意的事情还有很多,总体来说,焦虑的诱因就在于礼仪、自理和时间观念这三方面。

这种时候,我总是会反问:"哪个孩子能把房间收拾得井井有条?小孩子嘛,这些事情本来就做不好。"

许多妈妈总是抱怨自己的孩子这也不行那也不行,总把一些小问题看得很严重。但是所谓"孩子",本来就是不会自理的。

偶尔或许能见到一个自理能力很强的孩子,那么他的优点大概就是"善于收拾整理"。这样一个孩子的妈妈,只管表扬就够了。我们要承认,绝大多数孩子收拾起东西来都不怎么井井有条。

与成年人不同，孩子是发展中的"未成熟生物"。孩子不会察言观色，不做多余的揣测，只把精力投入感兴趣或令自己开心的事情。只做想做的事，不做不喜欢的事，坦诚地生活。收拾房间、端正礼仪、守时这些事情，做不到才是应该的，或者说才是正常的。

　　面对这样一个"做不到才是理所当然"的孩子，你今天是不是又忍不住唠叨了几句？

　　"你怎么都不打个招呼？"
　　"什么时候才能开始写作业！"
　　"脱了袜子又乱扔！"

　　成年人其实也是如此，别人不说他们也很清楚自己的缺点(不擅长的事情)。

　　"老跟人打招呼太麻烦了。"
　　"我不知道该怎么收拾才好。"
　　"我很难做到守时。"

　　正是因为我们很清楚自己的缺点，所以当别人指出时我们才更生气。

"用不着你告诉我我也知道,每天都唠叨太烦人了!"

孩子一定会在心里重复这句话。

你看,即使你纠正了他的缺点,孩子也不会如你所愿。在生气的时候,人不可能坦然接受他人的建议,就连大人也一样。

改变你的观念,没有孩子能够"一点就通",从今天开始请重新审视你的孩子。曾经看了就让人着急上火的那些场景,换个角度看是不是变了许多?

"父母总是比孩子高明吗"

其实,焦虑的根源还有一个。

那就是父母面对孩子时下意识的"长辈意识"和"优越感"。

说到底,你是不是一直认为父母比孩子更伟大,对孩子发号施令是理所应当的?

这也是父母会产生焦虑的一大原因。

那些认为"父母永远比孩子高明"的父母,其根据无非来自以下几条。

"因为父母生得早。"

"因为对孩子有养育之恩。"

"因为大人赚钱养家。"

"作为人生的前辈,父母能教给孩子很多东西,所以比孩子高明。"

"因为我是家长!"

孩子年幼，体力也比不过大人。毫无疑问，要是跟大人比起人生阅历来，孩子肯定逊色很多。但是，**一个孩子天生所具有的天赋是否真的比大人低下，这又完全是另一码事。**

相反，从人之初时所拥有的"善"，比如诚实、纯洁、正直、诚实、严肃和诚实等品格方面来说，你有没有觉得孩子比你强多了？

我认为，人的"品格"与年龄和事业关系不大。事实上，三十多年来，我接触过很多父母和孩子，我经常觉得孩子的人格比他们父母的要好。

许多父母试图完全掌控自己的孩子。但是仔细想想，你会不会觉得心虚？

父母应该像孩子的"同学"一样

父母会盲目地认为自己是"上级",而孩子的情绪则相对更为中立。

对孩子来说,父母是总在他身边照顾他的人,是不可或缺的存在。这样的存在对于孩子而言,并非"上级",更像是"平级(对等)"的关系(等孩子长大成人,才能切实地感受到父母的辛苦)。

孩子依赖的是直接的情感,比如"好喜欢""很厉害""很有趣""很酷""很开心"等,对父母的感觉也是一样的。孩子一点儿也体会不到父母比他了不起在哪里,聪明在哪里。

用成年人的语言来说就是,孩子认为父母就像是公司里的同事。如果每天都有这样的"平级同事"居高临下地下达指示,任何人都不会觉得开心。

或许家长们可以试着做个实验。两周就好，试着像"同学"或"同事"一样与孩子相处。

之前的命令语气以及对孩子的责备等，可以这样摇身一变：
"你是不是该换衣服了？"
"把房间收拾一下会更舒服。"
"先做完作业再一起玩吧。"
"不洗手是不是不太好？"

一旦放弃了"父母高人一等"的错觉，你和孩子的关系就会轻松改变。

"本该听我指挥的孩子，却不听我的。"
放弃这种自以为是的想法，可以大大减轻你每天的压力。随之而来的结果是，你会发现换回了孩子对你的尊重。

管教孩子不是"强加意愿"

"那么,如何管教孩子呢?"

似乎会有人抛来这样的疑问。

为了把孩子培养成一个健全的成年人,必须让他具备良好的教养。作为父母,希望孩子将来能够有较强的学习能力和完备的社会常识,这是再正常不过的事情了。

的确,家庭中的教育是非常重要的。

然而我们经常看到的却是家长打着"管教"的旗号"强加意愿"。假如真的为孩子的将来着想,那就请重新审视你的教育方式。

如果管教是指教给孩子社会运行的规则、常识上不该做的事情以及自立所需的日常习惯,那么**以"情感宣泄"的方式,怒吼着教育孩子的行为就是"强加意愿"**。

如果一个不耐烦的妈妈对孩子大吼大叫:"我都说你多少次

了！快点做！"孩子会因为害怕（或是因为厌烦或是因为怕惹麻烦）姑且先服从，但这并不意味着他理解了父母所提出的要求，于是，便很有可能一遍又一遍地犯同样的错误。

看到不断重复错误的孩子，妈妈们的焦虑无疑会越来越强烈，终将陷入一种无法自控的焦虑恶性循环之中。

我从未听过这种"管教"能够帮助孩子改掉缺点的案例。这么做只会给孩子留下父母总是对自己发脾气的不愉快回忆。如果你试图通过宣泄情感来教育孩子，那么此时的"管教"就会变成一种"强加意愿"，而这绝对与"学习社会规则"这一初衷背道而驰。

正常的管教与"强加意愿"的区别就在于感情的振幅。在教给别人做事的道理时，冲动就是魔鬼。我们想要传达的规则和约定，在激烈情感的影响下几乎无法准确传达给孩子。

有一条定律，你一定要知道——**父母越是发火，孩子越做不好；父母唠叨得越多，孩子越做不到。**

听到"快学习吧"，就会讨厌学习。
听到"快去上补习班"，就会不想出门。
听到"快收拾房间"，就会不想收拾。

听到"认真点""好好做",就会变得马虎、散漫。

听到"这么简单的事情不可能做不好,大家都做得到,为什么你不行?快点去做",那么这个"大家都做得到的事情"就会变得做不好。

你会发现,其实你说得越多,越会得到与期望相反的结果。孩子有"小捣蛋鬼"的天分。与其这样命令,不如先告诉孩子他不知道或不可以做的事情。不掺杂多余的感情,单纯地教给他或许会更容易让孩子接受。

当在孩子面前表现出不耐烦时,只要察觉到"我现在正在发脾气",你就可以主动减少一些"强加意愿"。 当试图教会孩子一些事情时,请你试试用这种方法自查一下。

拥有棱角，也很重要

发现孩子的缺点后，父母总会想尽一切办法，尝试去改变孩子。而且企图矫正孩子的缺点时，很多父母似乎都会对孩子的优点视而不见。

家长们祈祷着："不需要他比别人优秀，只要不比别人差就够了。"他们努力纠正孩子的缺点，希望孩子能够与他人步调一致。

我十分理解家长担心孩子的心情，可是这样使孩子"泯然众人"的做法真的有必要吗？

我就不会去纠正孩子的缺点，因为这可能会扼杀孩子身上那些原本具备潜力的"新芽"。

这里有两则案例分享给大家：一则是试图让孩子征服自己不擅长的科目；另一则是试图让孩子发展擅长的科目。

当孩子的考试成绩为"数学 90 分,语文 50 分"时。

①让孩子提高劣势科目的成绩。

父母的心声:数学不错,但语文……

父母:"数学先这样吧,语文成绩必须得提高。"

孩子:"好的。"

为了达到父母的期望,孩子努力学习,下一次考试的成绩为数学 70 分,语文 70 分。

父母:"70 分加 70 分,总共是 140 分,和上次的总分一样。虽然不是什么值得表扬的分数,但是至少都达到了平均分,还算过得去。"

孩子:"……"

这样的对话透露出家长对第一次考试成绩的不满,等同于在挑剔孩子的成绩。家长并没有对第二次成绩感到惊喜,似乎是很不情愿地接受了此次结果,而且对孩子的努力没什么反应,孩子一定很迷茫。

②发展孩子的优势科目。

父母:"太好了!那就继续努力学习数学吧。"

孩子:"知道了!"

孩子想象着再次考出数学高分的场景,兴奋地为此不断努力学习。第二次考试的成绩出来了,竟然得到了"数学 95 分,语文 75 分"的惊人高分。

父母:"95 分和 75 分加起来总共 170 分。你的成绩提高了 30 分呢。"

孩子:"太好了!"

这就是进一步发展优势科目的结果。值得注意的是,**当优势科目得到进一步发展时,孩子似乎会突然开窍,劣势科目的成绩也会显著提升。**有时,劣势科目的成绩会随着优势科目的发展很快提高,不过一般来说,二者会有一定的时间差。总之,不计其数的案例表明:首先发展优势科目,最终也可以提升劣势科目的成绩。

通过专注于一项"特长"或一种"兴趣",孩子掌握了学习方法,习得了学习窍门,并建立了自信。这种学习经验也可以在其他领域发挥作用,就这样原本不太擅长的语文也得到了提高。

"发展自己的优势,就能带动弱势提升",我们还可以用土地耕作的情况进行假设说明。

假设有一块肥沃的土地和一块贫瘠的土地。

A 考虑优先改良产量低的贫瘠土地。由于改良需要大量的时间和精力,所以暂时搁置肥沃的土地。

尽管十分努力,贫瘠的土地仍然没有丰收的迹象。与此同时,被搁置的肥沃土地也在不知不觉中渐渐荒废,最终颗粒无收。

B则想通过在肥沃的土地上投入更多的时间来提高产量。

这样一来，肥沃的土地产量就会增加，B甚至还有多余的时间去照顾贫瘠的土地。肥沃的土地中富含丰富营养的土壤，在精细化的耕作中，使产量大幅提高。有了空余时间后，自然就可以从容地去照顾贫瘠的土地。

如果是你，你会选择哪种做法？

就像B一样，暂且不管劣势，先将优势充分发挥出来，成功便唾手可得。

孩子本来就是不成熟、有棱角的。每个孩子都有自己的个性，拥有着不同的性格与天赋。父母总是要求孩子"正常"或是"成熟"，但是请不要忘记——教育孩子从来都没有统一的"标准"。

虽然爱因斯坦是发现了相对论的伟大科学家，但他在童年时期，数学和物理之外的成绩其实都很糟糕。如果你去读一些伟人的传记，你会发现童年的天才们都是拥有棱角的儿童！

拥有棱角，才是孩子。没有人是由同样的基因组成的。拥有差异，才有意义。

就像《世界上唯一的花》这首歌的歌词一样,"我们都是世界上唯一的花,每个人都拥有不同的种子"。

越是拥有棱角的孩子,其未来越令人期待。

拥有棱角也很棒

管教还是"强加意愿"?

优点究竟是什么

优点是什么？缺点又是什么

　　截至目前，我们已经就家长挑剔孩子的一大要因——焦虑做了种种思考。在本章，我们将进一步探讨"缺点"和"优点"的本质。

　　说到底，优点是什么？缺点又是什么？

　　如果翻阅词典，你会发现缺点的释义为"欠缺或不完善之处"。对优点的解释则恰恰相反，指的是"长处，好的地方"。

　　优点、缺点都需要有比较的对象，二者的评价都是相对而言的。我们把性质与性能优于他者之处评价为优点，劣于他者之处评价为缺点。倘若没有比较，便没有绝对的优点或缺点。

　　因此，假如比较的对象不同，那么评价自然也会发生改变。

　　假设有一对兄弟，二人都不擅长整理房间，只是程度不同。哥哥完全不会，但弟弟相对来说没那么糟糕。相比之下，完全不会整理房间的哥哥便有了"不会收拾整理"的缺点。

另一方面，弟弟本来也不擅长整理，但有了哥哥的这个参照物，弟弟的这一缺点便"隐形"了。

而这样的例子，对于优点也同样适用。

以前，我的补习班上有一对姐妹。
姐姐的成绩在全年级名列前茅，而妹妹的成绩大概在班级排第三名。
当我与她们的父母面谈时，他们不满地说："虽然姐姐学习很好，但妹妹就……"当我回答"妹妹学习也不错呀"时，他们斩钉截铁地表示："不不不，比起姐姐可差远了。"
我忍不住一遍又一遍地告诉他们："班级第三也很优秀了，完全可以称得上是优等生。"妹妹的"成绩优秀"这一优点，在姐姐的光环下黯然失色，得不到父母的认同。

像这样，优点和缺点都会根据"比较对象"和"周围环境"的变化而发生转变。

总之，优点和缺点都是拿一个人的某个特点与他人比较后得到的"标签"，二者的本质仍旧是属于这个人的某一特点。换言之，所谓"优点"或"缺点"，不过是把人的特点与他人的对比后重新起了个名字罢了。

寻找孩子的优点,等同于发现他的特点。

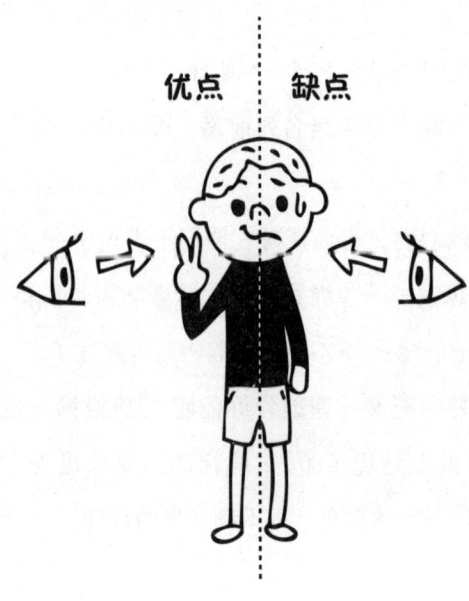

未必"父母所期盼的"才是优点

从前面所提到的例子中，我们了解到，优点和缺点实际上更接近于"特点"。那么，为什么家长很难发现孩子的优点呢？

或许是因为，孩子的特点有时并不存在于"父母的期盼"之中。

也就是说，父母有时并不认可"孩子的特点"属于优点。

大多数家长青睐的"孩子的优点"有：

- 成绩优秀。
- 有条不紊。
- 喜欢阅读。
- 钢琴十级。
- 自理能力很强。
- ……

最受认可的当然是与主科直接相关的学习能力方面。还有那些可以和音乐、体育、美术等其他学科联系起来的天赋、技能，也在家长们认可的优点之列。

此外，在生活方面，"礼数周到""爱整理""守时守信"等特点也备受家长们的关注。而这些都是与"乖小孩"形象相关联的。

这些"特点"的确属于一目了然的优点。但是"孩子的优点"真的只能有这些吗？

以下案例来自前段时间我和一位小学二年级男孩的妈妈的交流。

"我儿子在母亲节给我画了肖像画，并将其作为礼物送给了我。但这幅画太奇怪了。我的脸被画得很普通，但是心脏、胃和肠子等内脏全都一个不落地画了出来，吓了我一跳。太怪异了，我家孩子画出这样的画，是不是有什么心理问题啊？"

细问之下，我了解到原因似乎是这个小男孩最近沉迷于研究母亲买给他的人体器官百科全书，人类的身体构造、内脏器官的形状与功能成了他最近关心的东西。这样的他在画人物时，一定想画得更"真实"一点。

"可哪有孩子画人的时候连内脏都画上呀？老师，这可是母亲节的礼物。"

在这位妈妈看来，也许她想看到的肖像画中只应该是满面笑容的自己吧。

这位母亲当然也用手机向我展示了这幅"猎奇之作"。这件用蜡笔绘制的五颜六色的作品用强有力的线条勾勒出了每个内脏器官的轮廓,堪称一件非常富有生命力、非常耀眼的作品。在画的一角,我还发现了一条非常可爱的留言:"妈妈,要照顾好自己的器官呀。"

我不禁在心里呐喊:"太好了!继续努力画呀!"

妈妈给出的评价是"怪诞的肖像画让我很担心",但在作为旁观者的我的眼中,这却是一幅"既独特、耀眼,又温暖人心的作品"。难道"写实的绘画风格"不算是这孩子的优点吗?

这个例子充分证明了**"不是只有父母所期盼的才算孩子的优点"**。

试着把缺点"转化"为优点

假设有一个杯子,里面有半杯水。

这时,你看到的是"只剩半杯水",还是"还有半杯水"呢?大家耳熟能详的"半杯水理论",其实在管理学中也有许多应用。

事实只有一个:杯子里有一半的水。对此,A认为"只剩一半",B认为"还有一半"(管理学上的应用暂且不谈)。

谈论这个题目并非为了比较出A、B两人的想法孰优孰劣,而是通过这种比喻来更好地理解——根据观察视角的不同,人们可能会对同样的客观状态作出完全相反的评价。

一个悲观主义者大概只能看到事物消极的一面,自然觉得"只有半杯水"。而乐观主义者则会看到事物积极的一面,对于他们来说,"还有半杯水呢"。

其实,孩子的优点和缺点也是如此。**所谓缺点和优点,就像硬币的正反两面。观察的角度不同,其意义也会完全转变。**

"不会的。我家孩子全是缺点。"

当我在演讲会上这样谈论"杯中水理论"时，一定会有母亲这样感慨。每当这种时候，我总是会说："既然如此，就把你们能想到的孩子的缺点全都写在这里。"

以下就是家长们想到的孩子身上的缺点。

- 没有耐心。
- 总是轻言放弃。
- 胆小。
- 没有主见。
- 太敏感。
- 没有责任心。
- 不知道天高地厚。
- 固执倔强。
- 性子太急。
- 毛毛躁躁。
- 有逆反心理。
- 总是发牢骚。
- 敷衍了事，应付差事。
- 没耐心，容易变得情绪化。
- 笨手笨脚，行动慢吞吞。
- 爱吹牛，臭显摆。
- 挑挑拣拣。

- 爱操心。

- 性格别扭。

- 爱管闲事。

- 胡搅蛮缠。

- 怕麻烦。

- 优柔寡断，总是在纠结。

- 爱打小报告，爱告状。

- 小气又爱占便宜。

- 八面玲珑，看人脸色行事。

……

这些缺点都写下来了，看起来确实很糟糕。

但是家长们写下来的这些真的都是缺点吗？

请跟我一起使用下页的魔法——秒变优点！

这当然不是什么真正的"魔法"，只不过稍微变换了一下观察的角度，就能让"缺点"改头换面，变成可以得到夸赞的"个人特点"，这难道不是很有趣吗？

只要能够拥有颠覆"缺点"的想象力，就不必再整天为孩子的"缺点"发愁了（不过，是否所有的缺点都能够这样转换呢？当然也存在例外。这一点我们将在第107页谈到）。

说来说去，我其实想告诉家长们：孩子现在这样没问题，不用那么"杞人忧天"。

缺点 ➡ 优点转换表

缺点	优点
没有耐心 ➡	可以有更多尝试
总是轻言放弃 ➡	做事果断
胆小 ➡	慎重
没有主见 ➡	善于与他人配合
太敏感 ➡	注重细节
没有责任心 ➡	不会给自己施压
不知道天高地厚 ➡	不拘泥于上下级关系
固执倔强 ➡	意志坚定
性子太急 ➡	干劲十足
毛毛躁躁 ➡	精力充沛
有逆反心理 ➡	坚持自己的主张
总是发牢骚 ➡	有做评论家的天分
敷衍了事,应付差事 ➡	善于随机应变
没耐心,容易变得情绪化 ➡	能够坦率地表达自己的感受
笨手笨脚,行动慢吞吞 ➡	重视自己的生活节奏
爱吹牛,臭显摆 ➡	自己就能提高自我肯定感
挑挑拣拣 ➡	具备发展自己兴趣的能力
爱操心 ➡	有远见
性格别扭 ➡	与众不同
爱管闲事 ➡	善于察言观色,能够顾及他人的感受
胡搅蛮缠 ➡	不轻易放弃
怕麻烦 ➡	追求合理与效率
优柔寡断,总是在纠结 ➡	心地善良
爱打小报告,爱告状 ➡	公正无私
小气又爱占便宜 ➡	善于理财
八面玲珑,看人脸色行事 ➡	擅长自我包装

兴趣是优点的"指向标"

说了这么多,却还是找不到优点?优点的确很难察觉,即便家长们每天与孩子为伴,也很难看出孩子身上有可以称为"优点"的生活习惯。

但这会不会是因为家长们将优点与"出类拔萃的学习能力""卓越的天分与能力"或"超越常人的优秀品格"等联系起来了呢?

在我对"优点"的定位中,并不会设立这么高的门槛。**"积极向上的心态""一颗对事物保有悸动与热忱的心灵"就是直指优点的"指向标"。**

那么"积极向上的心态"具体指什么呢?首先让我们来试着想象一些可以让心情变得积极向上的事情吧。

"和别人聊天特别有意思。"

"沉浸在做编织中,忘记了时间的流逝。"

"热衷于阅读推理小说,抽丝剥茧,破解案件。"

"看一部扣人心弦的悬疑片。"

"享受烹饪,得到家人的称赞就很幸福。"

你的日常中,是否存在像这样的令你入迷的事情?

别人的评价无关紧要,也不需要自我评分。最重要的是,沉浸其中,你的内心作何反应?

请试着对这种反应诚实一点。

不要拿自己和别人作比较。如果真的要比,就和过去的自己比。

"开心!有趣!激动不已!"

如果在做某件事时,你的心情像是正在"灵魂层面"跳舞,那就说明这件事正中你优点的"靶心"。

如果你喜欢聊天,那么这就是你的优点。肯定会有人觉得和你聊天特别有意思。

如果你沉迷于网购,很快上手成为一名"网购达人",你的家人一定会很开心。

假如你喜欢散步,你或许会在某时某刻与美景、佳人不期而遇。

假如你是编织爱好者,即使你现在围巾织得乱七八糟,总有一天会变得心灵手巧。

当沉浸在自己所热爱、所向往的事情中时,你有没有发现,不知不觉中,它已经成长为你独特魅力的一部分,成为名副其实的"优点"?

抓住这种感觉了吗?

"兴趣是优点的'指向标'"。只要你意识到这一点,就一定能找到孩子的优点。

优点是通往成功的入场券

那么，现在再让我们一起来回忆一下，为什么发现孩子的优点很重要。

因为发扬优点会使人幸福。

在本书的开头，我便明确地指出了这一点。优点与幸福之间有什么联系？二者的关系看上去即使不是"风马牛不相及"，也确实有点牵强。

但我认为，优点是"通往万物的入口"。至于其原因，先按下不表。

我想先谈一谈与"自信行为"息息相关的优点及其重要性。

在生活中，"行为"是重要的关键词。通过一举一动，人类或给予某人某物，或于某地收获某物，周而复始，因此感受到喜悦。这便是行为的"硕果"，是只赐予行动者的"褒奖"。

终有一日，孩子会离开父母，开始独立。衣来伸手饭来张口的日子，也只能存在于孩提时代。长大成人后，如果自己不行动，便无法生存。

那时能够成为孩子最大助力的伙伴，就是"优点"。**因为与优点相关联的事情往往会进行得比较顺利，将孩子的"行为"进一步催熟为"自信行为"。**

假如没有自信，漫无目的地到处乱撞，迟早会走投无路，在人生的迷宫中彷徨。

另一方面，"自信行为"也能增强人的抗挫能力。即使遇到一些阻碍，有自信的人也一定能够以好奇心和探求欲为武器，克服困难不断前进。

当孩子通过不同的经历来学习如何在社会中生存时，优点就是强有力的突破口。这就是为什么我说"优点是通往万物的入口"。

也可以称之为"通往幸福的入口""通往成功的入场券"。

前文曾提及"兴趣是优点的指向标"。

如果真的对某一事物特别感兴趣，即使没有人监督，你的孩子也会因为感到有趣而坚持下去，并最终出类拔萃，收获硕果。

再灿烂的花朵,最初也只不过是一颗小小的种子。播种后要勤浇水,发芽后要在阳光下成长。

育人也是如此。**假如发现了优点的种子,首先要给予认同和赞扬,悉心呵护优点的嫩芽。**硕果累累的明天,便指日可待。

奇妙变变变

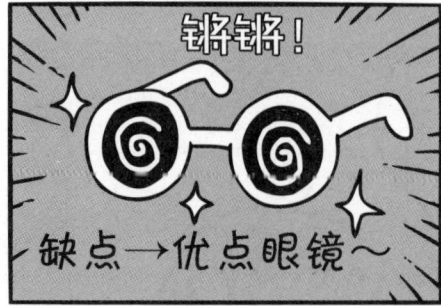

第 3 章

发现孩子优点的 5 个习惯

优点隐藏在细微之处

在上一章的结尾,我提到过孩子的优点并非总是与他的天赋或能力相关联,更多的是隐藏在他的"心情"与"状态"中。

在本章,我将与家长们分享五个能够让孩子发挥优势的习惯。当你养成这些习惯,你看待孩子的眼光就会发生改变,从而看到一些你之前所忽略的(也许之前你觉得这根本就是缺点)的优点。

当然,并不是说这五个习惯缺一不可。只需从中挑选令你眼前一亮的那个,保持轻松的心态积极去尝试就可以了。能够将习惯落实到八成,就非常优秀了。

再次提醒各位家长,要记住孩子的优点不仅仅只存在于学校教育的主要科目中。

比如以下这些情况,就说明孩子拥有箭头右侧的优点。

喜欢聊天 ➡ 沟通能力强
擅长倾听 ➡ 尊重别人的意见
做手工很入迷 ➡ 做事专注
给花浇水 ➡ 热爱自然,心地善良
熟悉电车品牌名 ➡ 有自己擅长的领域
爱问问题 ➡ 有问题意识
擅长教别人 ➡ 出色的领导能力

孩子身上常出现的一些特征,可能会让你觉得这也算优点?没错,这些其实也是碎片化的优点,在整合后或许会与孩子的才能相结合。因此,请一定不要轻视孩子身上这些隐藏在日常细节中的"闪光点"。

> 发现孩子优点的5个习惯

[习惯 ❶]
不挑剔孩子的缺点

前文提及,"发展优点"是教育孩子的过程中很重要的部分,但这还不够。

"寻找优点"和"不挑剔缺点"必须结合起来。

至于反复强调的原因,是因为有很多父母总是想要二者兼顾,"寻找优点的同时,纠正缺点"。但这无异于开车时同时踩下刹车和油门。假如在纠正缺点时夺走孩子的自信,那么好不容易得来的优点与发展也将被抵消掉。

如果不去纠结孩子的缺点,优点就会浮现;在发展优点的过程中,缺点最终会消失。这有点像"先有鸡还是先有蛋"的因果悖论。**不过,我确信"'不挑剔孩子的缺点'是育儿中的关键"**。

如果不去挑剔孩子的缺点,不生气,不责骂他,放手让他去做,那么恐惧和厌恶就会从孩子的心中消失,他的优点自然就会开始显现。当我们认可这些优点时，孩子的内心便会得到满足，他会从容不迫地开始自省。

按照这样的顺序，孩子会对自己的缺点一点一点地、不断地进行修正。渐渐地，便形成了良性循环。

至于缺点，如果你真的想指出来，请尽量用平静的方式来教导，而不是情绪化地告诉他。

在这里，我想关注的另一件事是有关"深入挖掘优点的建议"。不应仅仅停留在认可孩子的特长或喜好这一层面上，而是要帮助和引导孩子学会钻研与探索。

如何深入挖掘优点

如果你的孩子英语很好，但数学成绩却不太理想，那么要以更高一级或两级的英语等级考试为目标。

在孩子感兴趣且擅长的事情上，不必为他设限，能走多远就走多远。在某些情况下甚至可以鼓励他去突破自己的极限。但前提是孩子自己有这样的意愿。如果你试图强迫他做不想做的事，那就变成了一种任务，他的优点就会停步不前。

正如前文所提到的，当你一心追求喜爱的科目时，令人感到不可思议的是你的弱势科目也将会慢慢得到改善。

这样的事情或许很难让人相信,许多父母可能会在半途中失去耐心,一秒进入纠正模式。然而,迄今为止有许多例子表明,优点的发展能够起联动作用从而使弱点得以补足。

孩子对于"特长"和"爱好"的能量,不要浪费在弥补短板上,而是应该全部注入优势领域,发展优点是最好的捷径。

事实上,部分数据表明,日本东京大学的许多学生都是在"发展和深挖优势"中成长的。

请务必知晓,这是培育人才层面上的最大定理。

发现孩子
优点的5个
习惯

[习惯 ❷]
活用六个技巧来悦己

当十分烦躁,却看到孩子一直在玩游戏不肯罢手的时候,你恐怕很难产生"他认真玩游戏的样子真帅"的想法吧。

如果家长们能让自己放松下来,或许还是可以认同与欣赏孩子的认真态度的。

正如前文所说,焦虑是家长挑剔孩子缺点的根源。不仅如此,**家长们也需要保持良好的精神状态,这对于发现孩子的优点来说是十分关键的。**

正因如此,接下来要不要一起学习一些可以缓解日常焦虑的生活小妙招呢?

许多家长每天忙于工作,还需要兼顾家务和照顾孩子。所以他们可能会抱怨自己根本没有时间。这也确为事实。

不过,哪怕只有五分钟也没关系。关键是要有创造"个人时间"的意识,哪怕任性一点也无妨。

这里介绍的是我自己用来舒缓情绪的六个小技巧。正如前文所述，不需要全都做到。但是假如你的直觉告诉你"这个技巧我肯定能做到"，那么我强烈建议你把这个技巧融入生活。

 多见"笑脸人"

每个人的生命中都存在一个"你一见他（她）就想笑"的人吧。情绪低落的时候，只要看到他（她）的笑容或者听到他（她）的声音，内心就能平静下来。

你的身边有没有这样的"小太阳"？

- 没有原因，就是合得来。
- 有相同的爱好，一起玩很开心。
- 可以从对方身上汲取力量。
- 让人感觉神清气爽。
- 见到他（她）就很安心。
- 感觉被治愈了。
- 能够温暖心灵。

……

不管他（她）是你的新知还是旧友都无所谓，只要是可以给你带来正能量的人就行。

我认识一位孩子妈妈，给她带来正能量的是她的一位朋友，她朋友十分擅长塔罗牌游戏。

这位妈妈分享道："有心事的时候就让她跟我玩一下这个游戏。我曾经很担心自己这种业余人士看到牌面会受到不好的心理暗示，但是她每次都会积极地去解读，告诉我这张卡片其实还有这样的意思，每次都会鼓励我。她的这份好意让我觉得很温暖，每次回家的时候都觉得很开心。"

与好友谈谈心事，哪怕只是一起喝杯热茶，也可以让心灵得到慰藉。假如很难见面的话，也可以打电话或者线上联系，来收获自己的"元气"。

加入兴趣小组，或者通过社群活动找到志趣相投的朋友也是不错的选择。

这种带有正能量的朋友的判定标准是：当和这个人见面或交谈时，你是否能够发自内心地微笑？仅此一条而已。即使现在还没有找到，只要你带着这种意识重新审视一下周围，就一定会找到你的那个他（她）。

技巧 2　寻找自己的"快乐天地"

每当身处那个地方的时候，你就会感觉良好，莫名感到平静放松，感到治愈，或是快乐的回忆不断闪现……一个你最爱去的地方，可以让你变得更加积极。

- 绿意盎然的森林。
- 充满负氧离子的水域。

其他能够感受大自然的地方也可以成为你的"疗愈之所"。

- 可以鸟瞰城市的高楼屋顶。
- 能看到远山的地方。
- 能看到美丽夕阳的街角。
- 老家镇上的小公园。
- 上学必经的车站内的长椅。
- 和重要的人一起去过的充满回忆的地方。
- 游乐园或美术馆。

能让你暂时远离日常喧嚣，让内心平静下来的地方，也是不错的选择。

- 旧书店和早市。
- 河边的小路。

附近有没有能让你心情平静下来的地方呢？

- 画具店或杂货店。
- 感觉舒服的咖啡馆。
- 百货大楼的地下商场。

假如一点小小的快乐也能让你心情变好的话，那么请尽情列举这样的地方。

顺便说一句，我钟情的咖啡馆之一就在离家不远处。每次到那里我都会点一杯热咖啡，边喝边处理手头的工作。令人惊讶的是每当此时，工作都会进行得十分顺利，我能够更客观地思考，甚至有时还能迸发出意想不到的灵感。

如果是暑假等比较长的假期，我会和家人一起从山中最喜欢的入口爬山，用新鲜的空气洗涤身体与心灵。

假如在阅读这些描述的过程中有一个地方突然浮现在你的脑海，那么它大概就是你的"快乐天地"吧。

你可以把这个地方纳入日常的活动范围，没事多去走走。这里一定能减少你平日里积累的心理压力。

技巧3 拥有珍藏必杀"籍"

所谓"珍藏必杀'籍'",就是能够给予你力量,号称"人生一册"的一本书。你是否已经与你的"人生一册"相遇了?当然,如果还没找到,那从现在开始找就好了。

- 让人心驰神往。
- 读完总觉得充满活力。
- 令人回想起青春年代的某一刻,心中不由得小鹿乱撞。
- 写了很多魔法般的奇闻趣事。
- 进退两难之时,常读常新。
- 在优美的诗歌中忘记时间的流逝。
- 静静地沉浸在绘本的梦幻世界中。

……

这与书的体裁并无关系。不论是散文集、写真集,还是情感类小说,抑或是侦探小说、夸张的漫画书及绘本都可以,只要你喜欢,烹饪类书籍也没问题。"人生一册"一定要摆在手边,时常翻阅。当然,"人生一册"也可以是"人生多册",甚至多多益善。

其实电影或电视剧也可以。经典的电影、电视剧,或是现在视频平台播出的电视剧都很不错。

我非常喜欢根据村上纪香的漫画原作改编的连续剧《仁医》，已经看了三十多遍，每次看都有新的发现，每次都能让我心潮澎湃。就我个人来说，这是一部无可挑剔的、让人情绪高涨的杰作。

书籍和影像最绝妙之处就在于其"沉浸式"的体验。哪怕只是一句台词或者一个大概的世界观，就可以在你觉得累的时候给你补充勇气与活力。我大力推荐养成在专属于自己的"人生一册"中转换心情的习惯。

不要将爱书珍藏在书架深处，要把它们放在一目了然的位置。这样每当突然想起它的时候，你都可以马上拿起书阅读。

技巧4 用美味佳肴来保持能量充沛

第四个技巧就是美食。

读到这里，读者朋友们一定会想：我就知道！所谓"民以食为天"，众所周知，"吃"是人类最原始的本能，也是最能及时缓解精神压力的方式。名为"美味"的感动，可以瞬间治愈人的内心。

"太累了,差点就冲着孩子乱发脾气了。不过总归还是忍住了,今天可以奖励自己多吃一点零食。"

"虽然这周特别忙,但还是坚持每天亲自下厨,不愧是我!偶尔点一次爱吃的外卖,犒劳一下自己吧。"

这样的奖励美食,很不错。

改善情绪并不一定需要昂贵的菜肴。平时不太吃的快餐或是零食点心,又或是酒过三巡最后收尾的一碗豚骨拉面都可以。不过,千万不能经常胡吃海塞!

在日本八岳山上那家人气餐厅里来上一杯本地的精酿啤酒,再吃上一盘咖喱饭,想想我都会激动。

假如长时间不能外出,那么哪怕只是花点时间调查一下想要品尝的美食也会很快乐,对吧?

技巧5 治愈灵魂的良药——音乐

我的一个朋友有个习惯,每到周末他就会在房间里播放印度尼西亚的甘美兰,早晨就开始锻炼身体。就这样一口气把身体中积攒了一周的疲累排出体外。

古埃及人说:"音乐是治愈灵魂的良药。"这或许有些夸张,但是音乐确实会给身心带来变化。当听到轻快的旋律，心情就会变好；听到充满哀愁的乐曲，人就会变得悲伤。

音乐还具有提高专注力、增强表现力、减少疲劳、缓解压力、转换心情等作用。

仔细观察，是不是会发现运动员们在比赛前有时会戴着耳机听音乐？没错，音乐正是一种速效的"情绪调节剂"。

也许，忙碌的妈妈们在年轻的时候也曾沉浸在音乐的世界中：在美妙的歌曲中坠入爱河，在准备考试的间隙从音乐中获得激励，和朋友们探讨歌词的美妙……大概许多人的成长都伴随着美妙的音乐。

音乐是忙碌家长们坚定的盟友。如果你以前并未察觉这一点，请一定要试试看。

曾经不入耳的那些音乐，只要脑海里出现"音乐＝令人快乐的声音"这个等式，也会立刻变成令人愉悦的声音。甚至包括你的孩子最近听的歌，你认真听一下就会发现也还不错。

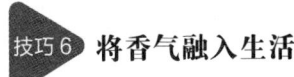 **将香气融入生活**

最后一个技巧是学会使用香气。

如果你已经学会如何在日常生活中使用芳香疗法和香薰，那么当闻到自己喜欢的味道时，你一定会觉得身心愉悦。

据说，香味对控制情绪和记忆的大脑边缘系统有调节作用，可以缓解自主神经紊乱、调节失衡的激素水平。

选香时可以以"舒缓疲劳""激活大脑""放松心情""助眠"等功效为目的进行选择。只需简单闻一闻你喜欢的香味，心情就能得到放松。

找到一种喜欢的味道后，寻找下一种也会变得很有趣。一旦形成习惯，你就可以每天根据自己的心情选出适合的香气。

香气具有净化的作用，可以帮助人们释放消极的能量。

作为亲身体验过芳香疗法的人，我房间里常备着几种香薰。我最喜欢的是装在木箱里的白檀香。每当因为忙碌而情绪不稳定的时候，我就会点燃一支白檀香，闭上眼睛静静享受这静谧的时光。

无论是春天萌发的青草味，还是秋天弥漫的桂花香，都可以让人感到心旷神怡，精神焕发。

怀旧的香味也可以勾起对过去的美好回忆。当心情得到放松，也许可以回想起藏在回忆角落的香气。

香气是最不需要花费时间就能享受的物品。只要把你喜欢的香薰或香水放在身边就够了。

你可以试着从以上六个技巧里选一些你容易接纳的进行尝试。像之前多次强调的那样，重点不在使用技巧的多与少，而在于要有"创造属于自己的时间"的意识。

有时候，即使你知道自己应该保持微笑，也很难高兴得起来。在这种情况下，你可以选择六个技巧同时使用，全面对抗坏情绪。

与其训斥孩子"好好学习"，不如咬上一口松软的泡芙。

与其催促孩子"动作快点"，不如去闻一下薰衣草味道的香薰。

试着用这种方式，一点一点地增加心态平和的时间。每天看到家长心情不错的样子，孩子自然会有很大改进。

不是因为孩子成绩提高了，家长的心情才变好，而是因为家长每天看起来都很开心，所以孩子才能更好地成长。这才是正确答案。

> 发现孩子优点的5个习惯
>
> [习惯❸]
> # 让三句"魔法金句"成为口头禅

假如想迅速将负面情绪转化为积极情绪,你可以借助语言的力量。

俗话说"好心情能带来好言好语""良言暖人心",这是很有道理的。

另一方面,据说如果养成使用积极词汇的习惯,那么大脑会为了实现积极性的事实而主动对感情进行正面引导。

这就是所谓的"语言造就人生"。

能听见自己说出的每一句话的,只有自己。所以,你说的每一句话都蕴含着令人意想不到的影响力。

如果你想知道语言的力量是否真的存在,可以尝试以下方法。不需要花费多长时间,更不需要花费多少金钱,你只需要将三个词融入你的生活:

- "太开心了。"
- "真有意思。"
- "好期待呀。"

所谓"魔法金句",不过就是这么寥寥数言而已。是不是有点太简单了?

这三个词完全可以替代"努力""毅力""拼搏"这三个词,成为我们今后生活中的"魔法金句"。

那么,这三句"魔法金句"——开心、有意思和期待——分别应该在什么时候使用呢?

答案简单到了令人发指的程度:在日常生活的任何场景下,直接人声说出来即可。

"刚磨好的菜刀很锋利,切起菜来真开心呀!"
"明天就穿上次买的新鞋吧,好期待呀!"
"你看过某某微博分享的照片吗?太棒了,太有意思了!"

像这样在日常生活的每一刻,随时随地养成"惊喜式发言"的习惯。

只要这样做了,开心有趣、令人心动的事情就一定会出现在你身边。好言好语是可以带来好运的!

最重要的是不能只是在心里想想,一定要"大声说出来"。

所谓"近朱者赤",积极的话语能让生活更美好。请放轻松,就当是做个实验,从今天开始积极使用"魔法金句"吧!

发现孩子优点的5个习惯

[习惯 ❹]
欢迎"失败"与"犯错"

六个技巧,三句"魔法金句",效果如何?

当从日常的压力中解脱出来时,请你试着维持积极的心态,把目光投向你家孩子。

面对孩子的时候,我希望你能够记住:当孩子"失败"或"犯错"时,不要去否定他。

通过常年与孩子接触,我发现了一个事实:**许多孩子因为害怕失败而变得谨小慎微。**

害怕失败,不敢迈出第一步;一点小小的错误都会崩溃;对于受挫一事过度恐惧……

孩子之所以会有这些表现,都是因为他的内心深处被深深植入了"失败就是原罪"这一概念。

俗话说:"失败乃成功之母。"从失败中吸取教训,便不会重蹈覆辙。因为失败所获得的经验也可以引领人们走向成功，所以"失败也无妨"。

但是，孩子一般都比较敏感。

他可能会觉得："谢谢你安慰我，但是比起失败肯定还是成功更好……"即便理解了"失败乃成功之母"的道理，孩子心理上依旧还是害怕失败。

那么，我们该如何帮助孩子消除对失败的恐惧呢？

假设一个孩子考试得了 80 分，另一个孩子只得了 40 分。得了 80 分的孩子心情很好，所以能够更加积极地面对错误，解决问题。

而只得了 40 分的孩子，因为情绪低落，从一开始就泄了气。

就这样，学习好的孩子成绩越来越好，学习不好的孩子一直都学不好。学习成绩的差距只会越变越大。

所以，对得了 40 分的孩子应该这么说：

"失败和错误多一点也挺好的。"

此外，也必须向孩子解释为什么这样说。这个解释至关重要。

"满分 100 分的卷子得了 40 分，如果之前答错的 60 分从今天开始变得能答对，就能一口气加 60 分。得了 80 分的人，成长的空间只有 20 分。60 分可是 20 分的 3 倍呀！"

"当然，在最终的考试结果中肯定是分数越高越好。但是在练习阶段，错误越多，成长空间越大。所以，不应该因为错题太多而失去动力。相反，你应该感到高兴呀。"

一旦消除了孩子心中对失败的恐惧，他就会主动走向学习。挑战精神本就是孩子的本能，所以只要你不强行干涉，孩子会自然而然地进入到反复试错的过程中。

"不断试错"等于"欢迎失败，并再次尝试"。这是最好的学习方法。

所以，无论发生什么都不要用**"怎么错了这么多""老是做错""这是考试中的致命错误"等话来责备孩子。**

如果因为失败而责备孩子，那么孩子难得的挑战就得不到任何反馈，一切可能性都会被扼杀在萌芽阶段，甚至还会完全夺走孩子的信心和热情。我们又如何期待孩子能有一个好的未来呢？

要用宽广的胸怀去包容孩子的失败。请记住，"失败是催育成功的肥料"，积极看待眼前的错误吧。

家长们自己也应该改变旧观念，把失败当作好事来对待。

不只是学习，这种想法也可以发散到日常生活的许多场景中。

假设你的孩子每天浇水照顾的植物突然枯萎了。这时候，不要没头没脑地指责"都怪你自己没照看好"，而是要安慰孩子"为什么突然枯萎了呢？我们一起调查一下原因吧"，然后与孩子一起上网查阅资料。

调查之后我们发现这叫作根腐病，是因为水分过多造成的。

通过这次机会，孩子能够学习到这种植物每周浇一次水最合适，不同种类的植物所需的水分不同。

失败是人生的宝藏。

毋庸置疑，越经常失败的孩子，越能成长为坚强的大人。欢迎失败与犯错的意识在帮助培养孩子天赋方面也很有效果。

所以，我强烈建议家长们平时一定要实践一下。

※这并非指要崇尚失败或错误，而是要学会调整孩子失败或犯错后的心态与思考方式。因此，假如你的孩子失败或犯了错，你就可以说："可以从错误中学习新的经验。"或者假如知道犯错的原因，你就可以说："这样改正后就更好了，可以学到新知识！"持续这样表达，孩子对失败和犯错的免疫力会变得越来越强。

[习惯❺] 寻找"令孩子着迷的三大兴趣"

发现孩子优点的5个习惯

我们终于来到了最后一个习惯。这次我将介绍一些更具体的方法来发掘孩子的优点。

孩子的优点,潜伏在令他着迷的事中。

不同年龄段的孩子以及同一年龄段的不同个体都存在差异,所以不能一概而论。大致来说,可以把十岁作为一个节点。

面对十岁以下的孩子,要多让他"试水"。但是,孩子在"泳池"里看起来很开心,说喜欢书法,对舞蹈展现出兴趣……仅仅凭借这些就认为"这就是他(她)的天赋",未免为时过早。

孩子的热情来得快去得也快。**所以如果孩子有了感兴趣的事,就让他尽情尝试,哪怕半途而废也没关系。**即使坚持不下去,也要大方地承认:"这是一次很好的经历。"

孩子总是对任何事情都很好奇,所以在寻找优点的时候,家长不能太过敏感。

我见过很多因为心疼花费的时间和金钱而坚持要求孩子去上兴趣班的父母。我想说的是：如果孩子不感兴趣了，那么停掉也可以。经常有父母觉得孩子能成为钢琴家，于是让孩子一直练琴，后来才察觉到这不过是自己的一厢情愿，因而追悔莫及。

尽可能去丰富孩子的经历，如果孩子主动地专注在练琴上，那也很好。切勿钻牛角尖。

不管是什么样的经历，最终都一定能够以某种形式成为人生的助力。在孩子十岁之前，父母的职责就在于保持开放的心态，让孩子多多尝试。

心理学上说，孩子在十岁左右，其道德感、社交和情感等方面都将发生变化。这时候一定要仔细观察孩子的言行，一刻都不能放松。

此时最重要的是，不要把孩子和他人作比较。俗话说："人外有人，天外有天。"只要比较总能找到更优秀的。**所以不要作比较，而是要寻找"孩子本身所具有的三个优点"。**

你的孩子有没有特别着迷的事情？所谓着迷，就是指孩子痴迷到废寝忘食的地步。虽然这很极端，但是**既然到了连睡眠和吃饭都忘记了的程度，那么毋庸置疑这就是孩子当下最着迷的事物。**

当找到了这一事物,你要记住,即便是对同一事物着迷,其理由也可能各不相同。

打个比方,有个孩子迷上了乐高玩具。

父母可能只看到了表面:"这孩子可能喜欢玩积木。"但是即便是喜欢玩乐高,也可能有以下三种理由:

- **从制作过程中获得快乐。**
- **从完成的作品中获得快乐。**
- **把完成的作品展示出来的成就感。**

像这样,孩子感受到的快乐和关注的重点是不一样的。

在创作过程中感到快乐的孩子有时会把完成好的作品全部拆掉,然后重新做另一件作品——他可能拥有创作者的天赋。

对于那些喜欢完成品所带来的成就感的孩子来说,朝着目标努力前进的耐心就是他的优点。

通过陈列完成品来获得快乐的孩子可能具有鉴赏的天赋和收藏家的气质。

因此,即使是同样痴迷于乐高玩具的孩子,其痴迷的本质也不尽相同。

提示 1　即便不说孩子也会主动做的事情是什么

目前为止的结论是：孩子的优点潜伏在令他着迷的事物中；即便是对同一事物着迷的孩子，其着迷的原因也不相同。

在此基础上，想要确切地找到优点，有三个切入点可以给你提示。

第一个切入点是，孩子主动提出要做的事情，即使没人说他也想做。

不仅限于学习和娱乐，比如照顾宠物狗并带它去散步，学做烘焙，清洗浴缸，擦窗户，帮爸爸洗车等。如果没有交代给孩子，他也能主动去做，那么这一定可以成为优点。

"我家冰箱上贴满了便笺、超市收据和食谱等，我女儿不知道为什么喜欢整理这些东西。贴什么得她说了算！她还会将磁铁按颜色分类后再用。"

有一位妈妈曾向我分享过以上内容。这可能就是这个女孩的文档整理和数据分析能力在"发芽"，这大概就是她的优点。

孩子在做这样的事情的时候，可能意识不到这是自己的优点。但是，只要孩子能够感受到"开心""有趣""兴奋""快乐"等积极的情绪，那么不论这件事属于什么领域，都一定与其优点相关联。

假如看到孩子有这样的行为，请家长一定要鼓励他，可以这样说:"太厉害了吧!""帮了我的大忙了。""谢谢宝贝!"这是大幅度提高孩子自我认同感的好机会。

提示2 为什么如此着迷

第二个切入点是"为什么"。

孩子到底为什么对书如此着迷?

有的孩子是因为沉迷于故事的发展,有的孩子是因为读书可以沉浸在梦幻的童话世界中,有的孩子是喜欢沉浸在自己的世界里——喜欢阅读的理由各不相同。

家长不仅要关注肉眼可以观察到的"喜欢读书"这一事实,更要看到孩子内心深处的本质——那里蕴藏着"某种美好的品质(天赋的矿脉)"。

当养成用这种眼光去审视孩子行为的习惯,你自然能更加清晰地看到孩子的"优点"。

提示3 出现"积极词汇"的时机

第三个切入点是,要养成捕捉孩子说出的"积极词汇"的习惯。

"真有意思""太棒了""赢啦""真开心""真好玩""好可爱"等，这些积极的词汇会自然而然地从孩子嘴里蹦出来。请留意，这是在什么时候、什么场合下蹦出来的，因为这是指向"优点"的直接标志。

这么一说，家长们马上联想到的恐怕都是游戏吧？

即使不给他游戏机，孩子也会主动开始玩游戏，"积极词汇"会一个接一个地蹦出来（不过有些孩子也会边玩边抱怨），过于投入以至于忘记了吃饭和睡觉，好像永远也停不下来。你看，提示优点出没的三要素都集齐了。

家长们哀叹道："(孩子)玩游戏上瘾，让我很担心。"

玩游戏毫无用处，只是在浪费时间；如果不尽快把孩子从游戏中拉出来，学习成绩就会不断下降——这是家长们最真实的想法。许多家长会和孩子约法三章，限制他玩游戏的时长，但是却很少有父母去了解孩子所玩的游戏内容。

我儿子(正在上高一)其实也很喜欢玩游戏。前几天，在儿子的"指导"下，我也尝试着玩了一次。真的相当有意思。不，不仅如此，一看就是制作精良的游戏，关卡也经过了高水平的设计编排，各方面都激发着想继续玩下去的欲望，甚至让我清晰地感受到这也是一种学习。

受到游戏世界观的启发而获得的灵感也超乎了我的想象。

所以,我们家从不限制玩游戏的时长。在这个环境下可以随心所欲地玩,其实一直玩游戏早晚也会腻的。

在孩子看来,现实世界中原本枯燥的学习似乎也会变得新鲜、有趣,家长什么都不用做,他也会在游戏和学习中自由切换。

现在这个时代,想要让孩子在成长的过程中完全不接触游戏是很难的。我甚至觉得游戏已经成为孩子成长道路上必不可少的项目之一。(当然,还是有必要去甄别孩子所玩游戏的内容是否适合孩子。)

我认为,在游戏世界中发现孩子优点的可能性很大。虽然最终不是所有人都能走上程序员的道路,但是有些孩子确实会因为喜欢游戏而开始学习编程。所以,家长总是强调游戏的弊端难道不是对游戏的评价过于偏颇吗?

通过实际接触,我发现:对孩子来说,游戏不过是一种消磨时间的手段。假如没有其他令孩子着迷的东西,那孩子自然就会沉迷于这种最简单的娱乐活动。

尽管如此,绝大多数父母还是会为此发愁。

"我家孩子除了玩游戏什么都不干。"

"除了游戏什么都不感兴趣。"

"从没见他对游戏以外的事物表现出兴趣。"

面对家长们的唉声叹气,我认为:

"不必非得急着去找其他可以替代游戏的事物。"

孩子的生活中只有例行公事,比如上学、和朋友一起玩、上补习班。**孩子的活动范围是狭窄且有限的。想象一下,在如此狭窄的活动范围中,除了游戏之外几乎不可能遇到可以全身心投入的事物,不是吗?**

在未来漫长的成长过程中,孩子的活动范围会逐渐扩大,人际交往变得更加丰富多彩。随着年龄的增长,他的世界变得越来越大,生活中所获得的信息也会越来越多。

当接触过更广阔世界中的新鲜事物后,孩子自然会找到自己真正想做的事情。

磨炼"忽略"的技巧!

"凹凸不平" 也无妨

育儿难题，你问我答

Q1 语文成绩太差了,怎么提高学习积极性?

> 我的大儿子上初中二年级了,除了语文,其他科目的成绩都很好。特别是理科和美术,他本人似乎也很爱学而且引以为豪。但是语文成绩不太好,成绩总是低于平均分。像"语文成绩能不能再多努力一下"之类的话,我一直忍着没说,但是作为父母,我的真实想法就是这样的。语文这门学科并不仅是学校里的科目,还是人生中最重要的科目呀。怎样才能提高孩子对语文学习的积极性呢?
>
> (化名 岩崎)

A "语文是人生中最重要的科目"属于想多了

"虽然数学也不错,语文能不能再多努力一点"属于父母最不该说的一句话。如果你的丈夫对你说"打扫得不错,但是做饭能不能再多努力点"会怎样?很明显,这绝对会伤人自尊的。

这种情况下,**家长只需要表扬孩子成绩好的科目就行了。**

"既然这门科目不错,那门科目也得学好",这种想法只要不是孩子自发形成的,就不要去强求。否则是不会有好结果的。

另外,这位家长的表述中,"语文是人生中最重要的科目"

不过是一种自以为是的想法。应该说，语文"也"是一门非常重要的科目，不然就相当于在说："就算学好数理化，对人生来说也不重要。"这样的消极意识会完全暴露在家长的言行举止中。明明孩子有优点是一件好事，这样做反倒成了对优点的否定。

希望孩子提高语文成绩，是有办法引导擅长理科的孩子爱上语文的。

首先要从论述和说明文类型的文本入手。因为即便是母语，擅长理科的孩子理解起小说和叙述类的文本也往往比较吃力。

与之相对，论述和说明文类型的题目则建立在理科逻辑之上。只要掌握了解读出题者意图的要领，一切便迎刃而解。

市面上也有很多考察逻辑思维的阅读理解练习册，可以买来让孩子做一做。

Q2 孩子问我学习的意义,我该如何回答?

> 听了老师说"爱玩游戏也可以是优点"之后,我与儿子(小学五年级)约定"玩游戏之前至少先完成作业",其余时间交由他自己来安排。虽然完成承诺的时候也不少,但是当他连着很多天告诉我"没布置作业"的时候,我就觉得很奇怪,去了解了一下才发现他是在撒谎。我很震惊,追问他撒谎的原因时,他说:"为什么我非得学习啊?"我一时语塞。请问这种时候,我该如何回答呢?
>
> (化名　田中)

A 学习肯定是有意义的

学习是有意义的。假如再次被问到"为什么非得学习不可",你可以试着这样回答:"自一百五十年前甚至更早之前开始,全世界就在学习现有的这些科目了。如果没有意义,那学习早就不复存在了。但是它不仅没有消失还一直在延续发展,你不觉得很神奇吗?"

然后,不管孩子作答与否,都别再继续这个话题。

这句话暗示了"学习一定是有意义的",同时也向孩子传递了一个信息:你可以自己去想想学习的意义究竟是什么。

这样的回答主要用来应对小学高年级和更小的孩子。对于初中、高中的孩子就需要改变策略。因为到了这个年龄段，有些孩子是出于真正的思考才会发问："为什么我们的人生需要学习？"还有许多孩子会思考偏哲学类的命题："生命的意义又是什么呢？"

面对这样的孩子，我们应该这样说："学习就是对大脑的训练，也就是对智力的开发。"

语文课上所学的是"语文思维"；数学课上所学的是"数学思维"；社会学科又可以细分为地理、历史等不同领域，每一种学科都有其独特的思维方式。**每一门课程的学习都是有意义的。**

常常有人说数学是"毫无意义""将来根本用不着"的科目，其实学好数学对人生会有很大助益。

让我们拿因数分解来打个比方吧。因数分解中有很多复杂的公式，看上去与日常生活毫无关系。但是，就如同可以将因数不断分解简化一般，我们可以通过因数分解的原理认识到，世界上任何复杂的问题其实都只是简单因素相乘的结果。

与死记硬背的知识不同，数学思维是一旦掌握就能受用一生的东西。我们进入社会后所面临的各种问题，通常都可以用数学思维来解决。

学习的意义是为了培养多元化的思维能力。这不就是智力的开发吗？

制定规则是好事，但是我认为规则应该由父母和孩子一起制定。因为孩子很可能不会遵守父母单方面制定的规则。制定规则时，首先要问孩子想怎么做，父母告诉孩子制定规则的理由以及建议后再进行调整。请务必留心规则制定时的这几点要领。

Q3 学东西总是坚持不下来，还要继续尝试吗？

> 因为看到老师书里写的"孩子从十岁左右开始对事物展现出兴趣"，所以为了找到女儿(小学六年级)的兴趣，我开始让她学习钢琴、舞蹈、书法等，但她总是坚持不下来。关于要学的内容我们也都事先讨论过后才做的决定，她一开始觉得很有意思，但是一般过上两三个月就会说"不想学了"。是她太没耐性吗？如果想找到女儿的特长，我还应该让她继续尝试各种兴趣班吗？
>
> （化名　石川）

A 孩子正当"试水"年华

"学东西总是坚持不下来"的孩子大致可以分为两类：一类是从一开始就不想学的，另一类是果断放弃的。

因为这个孩子"一开始觉得很有意思"，所以她应该属于"果断放弃型"。**不是没有耐性，而是放弃得比较果断。**

"果断放弃"明显是优点。能够果断放弃的人，判断能力和适应能力都很强，也不会做无用功。不难想象，这个优点在孩子未来人生中的每一个场景中都是有用的。

毕竟是和妈妈一起决定后才开始学习的，孩子一定也想坚持下去。之所以果断放弃可能源自以下两种想法：

"大概已经掌握了技巧，够用了。"

"还想试试学习别的内容，所以这个就学到这里吧。"

只要孩子愿意，我觉得还是要多多尝试。这样一旦出现可以坚持下去的事情，基本就是与孩子优点相关的特点。**即使学东西坚持不下来，这段经历本身也是有价值的。**

如果找不到特长，也不要强求。要相信孩子能在不断积累的经验中找到自己的所长。

毕竟，孩子的天赋和能力本来就是极其隐藏的。虽然有些孩子能在读幼儿园时就展露出天赋，但这属于小概率事件。

大多数孩子的天赋，就像深藏地下的"宝藏"一样，没办法从地表上进行观察。

能够"挖掘"宝藏的工具就是"经历"。请抱着挖掘宝藏的想法，多多给孩子尝试的机会吧。

Q4 孩子的做法好像是在伤害他人，怎么办？

> 我儿子上小学三年级，是个"孩子头"。他和朋友一起玩的时候总是不自觉地使用命令式的语气——"今天我来决定玩什么"或"你不许比我先玩"。这难道不是在伤害朋友吗？我很担心，我儿子好像也很担心自己会变成"万人嫌"。
>
> （化名　吉冈）

A 经历过失败，才能懂得分寸

这个孩子大概是有些"唯我独尊"吧，请将其看作拥有力量的表现吧。换句话说，具有领导者的天赋就是他的优点。想必他总是充满活力，假如自己处于领导地位就会很开心吧。

这位家长说"这难道不是在伤害朋友吗"，但其实孩子根本不懂什么是伤害他人的行为。他大概只是想不通为什么小伙伴会讨厌他，不会想到要改变自己的行为方式。

所以家长们应该负起责任，教给孩子人际交往时的注意事项。

孩子一定会在亲历失败的时候想起父母对他说的话。到那时，他才会意识到："哦，原来妈妈当时说的是这个意思啊。""原来是因为我做了不好的事，所以才会被讨厌。"这样，孩子才会意识到被讨厌的原因出在自己身上。

假如即便如此，孩子还是重蹈覆辙，那就得和孩子一起想想原因了。

枪打出头鸟。在今后的人生中，这样的孩子很可能会尝到教训的滋味。但他心中有力量，不会因为一点小事就气馁。不管遭遇什么，他都会咬紧牙关撑住。在经历风雨后，他必然能成为懂得分寸的大人。

Q5 优先"兴趣"还是"擅长"？

> 我儿子上高二，比较擅长科学。我希望他能进入大学继续深造，但他本人对烹饪很感兴趣，希望能进入烹饪学校，将来成为一名职业厨师。虽然这种"靠手艺吃饭"的工作也不怕失业，但是看到接二连三关门的店铺，我不由得感到不安。"兴趣"和"擅长"，应该优先考虑哪边呢？
>
> （化名　安藤）

A 请优先考虑"兴趣"

有时候人的兴趣与擅长的事并不一致，有的是"虽然感兴趣，但做不好"，有的是"擅长，但是不太想做"。这种时候，我的建议是选择兴趣。

选择兴趣更有利于坚持。所谓"坚持就是力量"，选择兴趣更有助于获得力量。

关于这位家长表述的"因为看到接二连三关门的店铺而感到不安"，就目前来看，确实如此。但是，如果他从现在开始进入烹饪学校学习，等到真正成为厨师的时候，或许餐饮业又繁荣起来了。一般情况下，孩子进入社会时的经济形势与当前的并不完全相同。

而且，孩子所擅长的科目在成为厨师之后也可以派上用场。比方说，科学课学得好的话，可以应用营养学的相关知识，做出的料理不仅美味可口，还有益健康。说不定可以为自己的职业厨师生涯开辟出更多道路。

哪怕擅长的领域是文学，同样也可以为喜欢的领域助力。比如"太宰治同款开胃菜"之类的创意菜品，一定会吸引很多顾客吧。

看似毫无关联的领域，只要融合得当，就能让自己的创意开花结果。这一点与现在追求"特立独行"的时代不谋而合。

Q6 孩子说脏话该怎么办？

> 我是一名小学四年级男生的母亲。最近，我儿子开始变得爱说脏话。要是稍微批评一下，他就会摔书包，冲我吼"闭嘴吧"。一家人坐在一起看电视的时候他也经常说"这什么丑八怪啊""这人真恶心""垃圾"等很难听的话。前几天，我问他晚餐味道如何，结果他告诉我"这是全世界最难喝的蔬菜汤"，我感到特别伤心。孩子这样下去会不会变得不可救药？哪怕是这样的言行，换个角度也能看出优点来吗？
>
> （化名　庄司）

A 请尝试这三种方法

现在的孩子似乎总是动不动就把一些不好的话挂在嘴边，这大概是受游戏和网络的影响。在学校里，也有越来越多的孩子使用"烦人""垃圾"等负面词汇。孩子似乎并不觉得说这些话是什么坏事，反而认为这是一种潮流。

偶尔说几次也就罢了，假如这种情况严重到了无法忽视的程度，那么就有必要采取相应措施了。具体有以下三种方法。

> **方法 1** 就言行问题举行家庭会议

全家聚在一起举行家庭会议，探讨一下最近的言行举止有无不妥。在责骂、发火之前，先问问孩子为什么要说这样的话，讨论一下这样说话会让周围的人有什么感受。

责骂、发火有时是必要的，但它们应当作为"传家宝刀"，起"致命一击"的效果。反复随便使用只会使效果大打折扣，甚至会招致孩子的怨恨。所以请抱着只能用一次的决心使出这"致命一击"，否则对孩子毫无用处。毕竟，这是一把倾注了父母全部的爱铸就的"传家宝刀"。

不过，困扰这类家庭会议的最大问题在于"感情"二字。不论是家长还是孩子，一旦感情用事，谈话便无法顺利进行，只能继续拖延。

> **方法 2** 使用"魔法金句"提高孩子的自我肯定感

这位家长在咨询内容中提到"稍微批评一下，他就会摔书包"。这大概是因为家长平日里常常一看到孩子的缺点就随意呵斥吧。因此，我们需要换一种方式。具体来说，要让十句"魔法金句"如春雨般沐浴孩子的心灵，比如"真棒""很好呀""谢谢""帮了我大忙了"（详见拙作《父母金句》）。

孩子一如既往地把那些脏话挂在嘴边时，记得先暂时忽略。

重要的是，即便孩子对"魔法金句"没有回应，家长也要持续使用。这样执行大概两周后，就能看到孩子言行举止上的变化了。

方法3　放声大笑

这是三种方法中难度最大的一种，不过也是效果最好的一种。当孩子说"这家伙真丑"的时候，家长要笑着说："哇，居然说别人丑。"当孩子说"这是全世界最难喝的蔬菜汤"时，家长要笑着说："这么好喝的汤居然说是最难喝的，我可是头一回听说。"

总之就是不要将孩子的话上纲上线，而是把它变成一个笑话。孩子自然不会再得意忘形。与之相反，他反而会觉得这样说话一点也不酷，从而戒掉说脏话。

Q7 如何有效缓解孩子的厌学情绪？

> 小学二年级的女儿和六年级的儿子在家上网课。但是他们不喜欢学习，为了让他们乖乖学习我做了很多努力。听老师说，不应该居高临下地催促孩子学习，所以我委婉地提醒他们："是不是该做作业了呀？"但这根本行不通。我常常在想："是不是因为我之前下的功夫不够多，现在已经无法弥补了。"我很苦恼，怎样才能让孩子主动学习呢？
>
> （化名　长谷川）

A 思考让人变得"想学习"的机制

孩子不是不喜欢学习，而是不喜欢被逼着学习。哪怕是成年人，也不喜欢被逼着做事，不是吗？

首先，**不要老想着"让孩子学习"，而是思考"怎样才能让孩子快乐学习"。**

除了这位家长差点说出口的"快去学习""快写作业"这类命令型语言之外，选择"差不多该学习了哟""到了做作业的时间啦"这类暗示型语言的妈妈也不在少数。老实说，我接触过的孩子里，没有一个是因为妈妈劝学时用词委婉而主动开始学习的。

我的建议是，与其依赖语言的力量，不如建立一种"让孩子想主动学习"的机制。

要让孩子自己体会到学习的乐趣，有以下两种方法：
- 让学习变得不费力气——让学习习惯化。
- 虽然不喜欢，但投其所好——勾起孩子的好奇心。

这两种方法又可以通过以下四种途径得到实现。

习惯化 1　将学习与已有的习惯联系起来

这是一种将新习惯与吃饭、刷牙等已有的日常习惯相关联的方法，比如每天刷牙前完成一页练习。许多家庭都在这么做，很容易就能让学习习惯化。不过，这一招似乎更容易在年龄较小的孩子身上（比如学龄前儿童）见效。

习惯化 2　将应该完成的事情"可视化"

我所提倡的"儿童手账"就是活用这种方法的产物。我们从实践过的妈妈们那里收到了大量的喜报：孩子开始主动要求完成任务了。具体说来，就是让孩子在手账上写下需要完成的任务，将已经完成的任务用红笔勾掉，然后就可以兑换奖励积分。为了获得积分,即便不喜欢学习,孩子也会主动去做。只要坚持三周左右,学习就会变成一个习惯。

 将学习与孩子的兴趣联系起来

打个比方,数学应用题中经常出现的角色可以替换成孩子喜欢的人物,这样瞬间就能激发孩子的学习动力。假如孩子痴迷各种交通工具,也可以用线路问题来代替。学习因为加入了喜欢的元素,立马变得妙趣横生。

 改变学习的形式

这是一种将学习与令孩子感兴趣的事联系起来的方法。试着将学习"游戏化""抢答化"和"猜谜化"。

如果是猜谜形式,父母扮演出题人,孩子则是猜谜人。可以加上时间限制和提示环节来增加趣味性和挑战性。"现在开始答题!""1号问题是……,2号问题是……,3号问题是……"是不是很有趣呢?快快尝试一下吧。

如果孩子回答不出来,那么家长在给出第一个提示之后,限定十五秒内答题。如果孩子还是回答不出来,家长再给第二个提示。只要有提示,孩子就能更进一步地思考并主动接近正

确答案，从而产生"靠自己做对了"的感受。

只要双方配合得好，孩子兴奋起来就会更专注，甚至会主动提出"还想玩"或"再来一次"的请求。

Q8 怎样兼顾学习和兴趣爱好?

> 我的女儿上小学六年级了,三年前开始学习弹钢琴。因为她每天都很开心地练习,所以我认为这绝对是她的兴趣。但是最近,她练习钢琴的时间越来越长。马上就要升中学了,我担心这样下去她会不好好完成作业,也担心成绩会下降。她本人保证,自己会好好写作业,想继续弹钢琴。我也想让她有一技之长,但是学习也很重要。是不是应该严格控制钢琴的练习时间呢?我该如何兼顾孩子的学习和兴趣爱好?
>
> (化名 米原)

A 坚持弹钢琴有利于完成作业

需要兼顾二者的情况下,许多妈妈都会考虑"此消彼长"的方式。这位家长似乎也是这样想的。

假如孩子现在的成绩已经很差了,且她本人也意识到了危机的话,那么"此消彼长"的方法是适用的。但米原家的孩子并不属于这种情况。因为对未来的焦虑而减少弹钢琴的时间,反而会让孩子的压力变大。即便有更多的时间能完成作业,孩子也无法专注于学习。

最重要的是孩子的意愿，**把重点放在"做什么才能提高孩子的积极性"上。**

我想告诉这位家长的是：有一种方法可以"兼顾二者"，而不是"此消彼长"。请不要减少练习钢琴的时间。孩子自己会想办法在有限的时间内完成作业。孩子的积极性得到提高后，为了能够继续练习最喜欢的钢琴，会争分夺秒地完成作业，也会更有精力去面对那些"必须完成的事"。

还有一些技巧，比如试着利用碎片化时间，以十分钟为一个单位来完成作业，而不是一次性完成。利用碎片化时间是很多会学习的孩子所使用的技巧。借助这个技巧，做作业的问题就迎刃而解了。

孩子的优点（在这里指"弹钢琴"）可以带动提高学习成绩。我开办的辅导班上也有起早贪黑练习棒球，但学习成绩始终是第一名的学生。在成年人的世界里，不是也有很多工作干得出类拔萃，同时兴趣爱好也很广泛的人吗？

Q9 应该去私立中学还是公立中学?

> 我的女儿上小学三年级了。听了石田老师说的"优点不仅仅存在于学校主科当中"之后,我就不再只关心孩子的学习了。但是最近,我身边的宝妈朋友们都开始送孩子上补习班了。我也开始考虑是否应该开始让孩子准备小升初考试。我女儿是那种宁愿和朋友们一起玩,也不愿自己默默学习的孩子。我想知道她适不适合上私立中学呢?请让我参考一下您的意见。
>
> (化名 松冈)

A 判断孩子属于"早熟型"还是"晚熟型",才能做出明智的抉择

我先讲一下日本私立中学和公立中学的区别。

日本私立中学的一大特点就是通过成绩选拔,集中了适合学校生活、喜欢学习的学生,其学习水平也大都在同一范围。正因如此,如果成绩在私立中学排名靠后,孩子更容易自卑。

日本私立中学常给人环境整洁的印象,因而很受欢迎。许多私立中学甚至配备了最先进的教学设施。科学研究表明,环境能够对孩子的学习能力产生很大影响。

与之相对的，日本公立中学的特点就是不经过选拔，不论什么样的学生都可以报考。不管是学习能力，还是家庭背景都有很大的差异，可以说是社会的缩影。通过在公立学校上学，孩子可以领略到未来时代不可或缺的"多样性"。

如果只看成绩方面，让人惊异的是公立学校的孩子并不比私立学校的孩子差。有许多孩子都是从公立中学升入公立高中，最后考入了顶尖大学。因此，就读于公立学校并不意味着孩子学习不好。

也就是说，日本私立学校和公立学校其实各有千秋。

基于以下介绍的这些特点，让我们来思考一下你家孩子的情况。这其实取决于你的孩子属于"早熟型"还是"晚熟型"。

○适合日本私立学校的孩子（早熟型）
- **精神年龄比实际年龄大，"小大人"。**
- **喜欢学习。**
- **容易受周围环境的影响。**
- **认为小学的课程过于简单，学不下去。**

已经找到学习乐趣的孩子就属于"早熟型"。如果孩子对学习感兴趣，那么一个可以专心学习的环境就能使学习成绩进一步提高。容易受到周围环境的影响并非坏事，而是能够适应环境的优点。

对于有些孩子来说，小学的学习内容过于简单。如果这种倾向过于强烈，孩子就可能会因为厌倦学习而拒绝上学。让这样的孩子去上补习班可以激发他对知识的好奇心，让他再次活跃起来。

○**适合日本公立学校的孩子（晚熟型）**
- 比较爱玩，孩子气。
- 擅长的领域往往需要较高的感受性。
- 本来就不喜欢学习。
- 喜欢自己把握节奏，不易受环境影响。

比起学习，"晚熟型"的孩子对玩耍更感兴趣。如果家长总是逼着孩子学习，孩子可能会觉得很"窒息"。在小学时代，让孩子尽情玩耍比强迫孩子学习更为明智。这样的孩子通常有很好的感受性，喜欢玩艺术类的游戏。

我认为这位家长的孩子就属于"晚熟型"。**小学时代应该充分满足孩子玩耍的需求。**提高学习成绩的时机与孩子自己的节奏配合得当，才会有显著效果。很多"晚熟型"孩子是在中学或高中时才开始下定决心好好学习的。

如果无论如何都想让孩子去上补习班,可以不以备战小升初考试为目的,而是将其当作一次学习的机会。请试着用积极的声音向孩子提出建议:"补习班好像很有趣。"当孩子表现出了兴趣,再去上课就好了。

如果孩子已经上小学高年级了,最好还是把决定权交给孩子。

Q10 好不容易考上心仪的学校，学习却跟不上？

> 今年春天，我的儿子（初一）考进了第一志愿的一所私立中学。但是似乎这里的学生水平太高了，孩子有一点跟不上。前几天，老师把我叫到了学校。之后我问孩子："上学很辛苦吗？你想怎么办？"他支支吾吾地搪塞我："啊？没有啊。"我该怎么指导他呢？
>
> （化名　山本）

A 请告诉他：一所学校并不代表一切

我能理解这位家长的担心，说不定孩子正在自暴自弃："考不了高分的自己真是个笨蛋。"这种时候，请务必告诉孩子：即便现在不如意，也总有其他路可以前行。

不要问孩子"现在该怎么办"这类抽象的问题，而是要给出具体的选项。

[选项❶] 一如既往去学校上学。
[选项❷] 上辅导班或请家教，强化学习。
[选项❸] 转入其他私立中学。
[选项❹] 转入公立中学。

请将这些选项的利弊也一并传达给孩子。由于缺少经验，孩子对未来会有一些迷茫，所以可能没办法只凭几个选项就做出选择。告诉他每个选项的利弊，就能够帮助他理解状况并做出选择。

最好能够坦率地提出建议，并给予孩子支持："不论选什么都可以。因为世界上没有错误的选择。不论你做什么选择，我都会支持你。"

父母可以给出参考意见，但是最终决定权一定要留给孩子。因为假如孩子按照父母的意愿做了选择，出现问题时孩子可能会把责任推到父母身上："明明按照父母说的做了，但还是不顺利。"

通过建立"父母给出选项，孩子做出选择"的机制，让孩子迈出走向独立的第一步。

Q11 孩子不会收拾房间，如何让她爱整洁？

> 我女儿上小学三年级了，却完全不会收拾房间。尽管我努力让自己冷静下来，但还是会不由自主地冲孩子发牢骚。最近，我进入了半放弃状态，只能有气无力地劝她两句："拜托你收拾一下东西吧……"女儿偶尔收拾一下房间，我会马上连续使用"魔法金句"，比如"真好""不愧是你"来夸奖孩子。但是总是好景不长……
>
> （化名 片冈）

A 请寻找根本原因

也许孩子不收拾房间的行为背后还潜藏着其他问题。除非从根本上解决这个问题，否则同样的错误会重复出现。为什么孩子不收拾房间？请寻找其根本原因。

首先，请在脑海中重复三遍"为什么会发生这种事（Why）"。

"为什么不收拾？"

"因为不会？"

"那为什么不会呢？"

然后，你会逐渐发现问题的本质所在（What）。再进一步，就是该如何着手解决问题（How）。这样一分析，问题就如同多米诺骨牌般被逐个击破了。

这种分析中最重要的就是顺应"Why→What→How"的顺序。这种理论也经常应用于企业的员工培训当中。

这位家长说的情况存在哪些本质原因呢？

①根本不知道整理的方法。
②注意力被收拾以外的事情所吸引。
③希望通过不收拾来引起父母的注意。

情况①，在孩子用错误的方法整理之前，请先教给孩子整理的方法。如果自己做不好，可以从网上找收纳攻略的相关视频边看边学。

情况②，制定一些规则，比如"收拾好才能去玩游戏"，会有很好的效果。

情况③，父母应该与孩子多交流，孩子的需求得到满足，问题自然就会改善。

通过这种方式先确定原因，再针对性地选择合适的解决方案。不过，像这个孩子的情况，收拾东西并不算她的优点。因此，与其期待她能自己收拾东西，不如多看看她身上别的优点。

这位家长还提到了"偶尔收拾一下房间时马上使用'魔法金句'，然而却好景不长"，请注意"魔法金句"应该用于夸奖孩子的优点，而不是用于偶发事件。请不要忘记正确的流程应该是"优点得到进一步发展→孩子最终纠正自己的缺点"。

Q12 孩子没有朋友,她的未来何去何从?

> 我的女儿上小学五年级了,她好像一个朋友也没有。无论是在学校、补习班还是游泳课上,她都经常单独行动。在家的时候,她会一个人默默地玩弹珠游戏。虽然在学校应该没有受欺负,但是作为家长我很担心。我女儿倒是觉得"一个人很自在""和别人待在一起很累"。女儿即将升入中学,一想到她未来的人际交往,我就会感到很不安。
>
> (化名　近藤)

A 多跟孩子说一些积极的话吧

自家孩子总是独来独往,作为家长想必非常不安吧。这位家长有一些消极的想法无可厚非。**不过,我希望家长能够确认,孩子确实没有在学校受到欺凌(这是非常重要的事)。未受到欺凌却总是独来独往,可能只是因为"孩子现在确实比较喜欢独处"。**

一般来说,孩子喜欢与朋友一起行动,一起玩才是"正常"的表现。不过,有些孩子确实比较喜欢独处。在家长看来,喜欢一个人待着的孩子可能"不正常"。但是我们要知道,"正常"并不适用于所有人。对于这位家长的女儿来说,独处更容易、更轻松、更舒服。

虽然家长很担心孩子将来的人际交往，**但是升入中学后，随着周围环境的改变，有不少孩子的性格会发生翻天覆地的变化。** 即便保留了"喜欢独处"的部分，也不会总是独来独往。

不胡闹，不扎堆，喜欢弹珠游戏——这些大概就是可以从孩子的行为中看到的优点。

冷静，有信念，自理能力强，不被别人的意见所左右……这些美好的一面会慢慢显现。

我相信这位家长的女儿一定拥有创作天赋。

如果父母总是惴惴不安，孩子也会感受到那份焦虑。

与其对孩子说：

"没有朋友没关系吗？"

不如说：

"一个人也没问题，不愧是你！""珠子弹得很好呀！"

这样的对话可以让孩子更好地发扬优点。

Q13 怎样才能让孩子的爸爸少发牢骚？

> 我的儿子上小学二年级，性格比较沉稳。我认为这是他的优点，但是孩子爸爸对孩子的态度让我很头疼。我儿子做任何事情都不紧不慢，所以如果他在出门前拖拖拉拉，孩子爸爸就会说："我就知道你得磨蹭。"孩子的成绩稍有下降，孩子爸爸就会说："想像爸爸这样就得好好学习。长大以后没有竞争心可不行。"或许是出于这个原因，孩子总是说一些不自信的话。我觉得儿子的自我肯定感正在下降。请问怎样才能让孩子爸爸不要再挑剔孩子？
>
> （化名　奥村）

A 那就用"魔法金句"提升孩子爸爸的自我肯定感

为什么爸爸会一直挑孩子的错呢？或许是因为孩子爸爸本身就是一个自我肯定感不高、自尊心较强的人吧。这样的爸爸在感受到压力时，会变得越来越不自信、越来越暴躁。他看孩子的时候只看得到缺点，因此就会责备孩子。

所以，即便你试图告诫孩子爸爸"别这么说""孩子已经很努力了"，也不会有任何效果，所谓"江山易改，本性难移"。

请尝试用"魔法金句"提升孩子爸爸的自我肯定感。虽然也有其他方法，但是语言是最直接、最简单的。

"不愧是爸爸啊!"

"连细节都注意到了,真厉害!"

"谢谢,你可帮了我的大忙了。"

上述话语都可使用。不要尝试说服孩子爸爸,而是要假装若无其事地"奉承"他。每次被夸奖都能让孩子爸爸的心态变得积极。**日常中看似漫不经心的赞美是关键。**

这位家长本人并不需要做出改变。**这不是要改变自己,只是改变对待孩子爸爸的方式,效果一定会很好的。**

不仅仅是奥村女士,读者中关于"丈夫造成了我的焦虑"的咨询投稿一直在增加。在此,我想告诉各位妈妈们:"请把男人都当成五岁小孩来对待吧。"

尽管外表看起来像一个人生经验丰富的优秀成年人,但是只要把他当成一个精神年龄只有五岁的孩子,应对方式自然会有所不同。大部分男人和孩子一样,只有在心满意足的时候,才能听得进去对方说的话。只要确认了这一点,那么就可以在合适的时机,坦诚地告诉孩子爸爸:请不要对孩子太过苛刻。这样做的话,大概就不会吵架了。

有些妈妈说她们甚至不想和孩子爸爸说话,我觉得这些妈妈可以假装自己正在扮演一个角色,然后,敬请期待孩子爸爸的变化吧。

我有通行证

这招对爸爸也管用

第 5 章

父母笑逐颜开，孩子才能更好成长

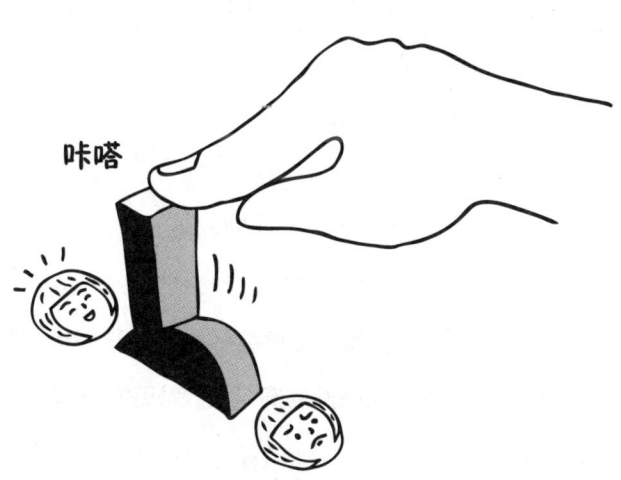

教育孩子不需要太认真

如果我说"育儿烦恼往往与孩子本人无关",你会怎么想?

困扰父母的那些问题,答案其实并不在孩子身上,而是在积攒了过多压力的家长心中。抚养孩子的每一天都有可能出现各种或大或小的问题。有些问题乍一看非常严重,其实随着时间流逝都能得到解决。

孩子并不会因为"目前出现的问题或障碍"而崩溃。孩子只会关注问题发生时,家长是什么态度。他只关注那个瞬间——当问题发生时,如果父母能够微笑,孩子也就放松了紧张的神经,"什么呀,原来没事啊""看妈妈没事我就放心了"。

有些家长可能会想:自己做好万全准备正要出门时,孩子却把玩具倒了一地准备开始玩;准备睡觉了,孩子才慢吞吞地把明天必须带去学校的重要文件递给了你。

不发火好像不太可能,是吧?

这种时候，不要生气地大喊大叫："干什么呢？快把玩具收起来！""怎么拖到现在才给我？"先暂时接受孩子的行为，然后说："你确定要现在玩吗？""这大半夜的也太晚了吧。"一笑而过是不是更好呢？父母的反应轻松地化解了矛盾，让孩子的"逆反"仿佛打在了棉花上一般。

"还好只迟到了一小会儿。"
"可能也不是什么大事。"
"这只不过是人生中很小的一个起伏罢了。"

如果能有这样的心态，那就太好了。

只要稍微改变一下心态，就能减少被孩子的行为牵着鼻子走的次数，进而减轻焦虑。

一旦你意识到发火的原因在于自己，就不会再那么在意孩子不合常理的行为了。

父母的微笑代表着"不要紧，没那么严重""我对你抱有善意"的意味。

人不会把幽默搞笑的对象当成敌人，这对于孩子来说也一样。**当父母警告孩子或者责备孩子时，微笑的力量是巨大的。** 笑一笑确实可以让世界变得更美好。

有时候，只要保持乐观就能找到解决问题的新方法。某位参加"妈妈学习会"的妈妈在2020年日本政府发布新型冠状病毒肺炎疫情紧急事态宣言后，在自己家里也"发布"了一条宣言："现在全国都处于危机之中，我们家也要团结起来，一起合作、分担家务吧。"孩子似乎觉得是在做游戏，都主动提出要帮忙。

对于眼前的事情，人们总是会先考虑其弊端。过于严肃的话，难免会产生焦虑，就有可能会"小题大做"。

但是，如果我们能够乐观地应对问题，冷静地处理问题，就能更快地找到解决方法。

当令人愤慨的事情发生时，一定要记得学会转换你的情绪"开关"。

选择"笑着生活"吧

"应该为孩子中考作准备。"
"比起工作,应该优先育儿。"
"应该亲自下厨。"

我见过很多谦虚认真的妈妈,要遵守这么多的"应该",她们几乎到了崩溃的边缘。

一些被认为是社会常识的事,常常会给家长们带来很大的压力。父母们会认为是自己没能尽责,不够努力……长此以往就会增加焦虑感。

请各位家长扪心自问:这些事真的算常识吗?请始终让自己保持客观中立。

令人意外的是,很多时候我们所认为的"常识"其实并非常识。

你是否曾经"因为大家都这么做""因为有专家推荐"而不假思索地接受某件事?

没错，或许妈妈亲自下厨做可口饭菜、把房间打扫得干干净净确实算是"非常重要的事"。但对孩子来说，这其实并没有想象中那么重要。

容易在孩子的心中布满阴霾的，其实是家长不耐烦的面孔和态度。

又有哪个孩子会因为妈妈做饭不好吃而误入歧途？

那么，除去常识这个"标签"后，家长应该按照什么标准行事呢？

我的建议是，不要以"应该要做（Have to）"为标准，而是将"想要去做（Want）"作为行动准则。如果你觉得这就是你想要的，那就大胆选择吧。看看你的选择能否增加自己的动力，并以此为突破口。

◎应该要做（Have to）→想要去做（Want）

"应该为孩子中考作准备。"

→"如果孩子希望如此，我就帮忙备战中考。"

"比起工作，应该优先育儿。"

→"为了陪孩子打棒球，到了傍晚就结束工作下班。"

"应该亲自下厨。"

→"只要自己想吃,就来一盘说做就做的意面。"

假如有类似的想法,一定要试着去实践一下。你所需要的就存在于"想要去做(Want)"之中。

多看看优点而不是缺点,多看看正面而不是负面,多看看轻松而不是痛苦,多看看孩子本身而不是世界。

假如我们看到的世界改变了,那么育儿方式也会改变。

我们的目标应该是"能够享受生活的父母",而不是"能干的父母"。

这世上没有完美的父母,维持现状没什么不好。承认自己做不到的事情,试着放松一下。从现在开始,要选择"微笑面对生活"的道路。

近在咫尺的"释放"策略

忘记不愉快的最佳方式就是"说话"。我曾在某本书上读到过"'说话'即'释放'",顿时觉得醍醐灌顶。

假如不限于育儿,那么"找到同伴"也是减轻焦虑的有效方法。独自思考难免会使认识变得狭隘,所以才会说出"我太难了""有点心累"。与某人分享此类感受,可以互相安慰,互相鼓励。

很多妈妈都会感慨:自己"不善于与人交往""社会冷淡,人情淡薄"。我认为这并非她们笨拙或嫌麻烦,只是她们不太擅长"向他人寻求帮助"。

只要经历过互相帮助,就会感觉全身都能放松下来。首先,请放轻松,多尝试与他人交流吧。

我主办的茶话会学习小组"妈妈学习会",虽然叫"学习会",但是其实没有那么正式,都是边品尝可口的甜点,边谈论育儿与教育的相关话题。因为氛围很轻松,所以一直笑声不断。

你可能会认为参与者都是积极主动的人,但事实并非如此。因为每个妈妈都有自己的烦恼,但是等到散会回家的时候,每个妈妈都笑逐颜开。在讲述或倾听烦恼的过程中,自己的烦恼可能就得到了"释放"。

而且,在这种状态下回到家里,因为心态得到了改善,也变得能看到孩子的优点了。面对孩子时,状态极佳的家长所说出的话也会变得积极向上,最终也能让孩子变得更好。

有着相似烦恼的人聚集在一起,通过"释放"来改变自己,也改变他们对待孩子的方式。

要拥有一个可以安心做自己的专属"场所"或"空间"。**说话(输出)也可以帮助你了解(输入)相关信息及事物的本质。**这同样适用于寻找优点。

例如,在社交平台上发布以育儿为主题的感想就很有帮助。想要分享孩子的好消息或成长足迹,就必须仔细地去观察才写得出来。

你会发现孩子身上有许多以前自己视而不见的优点。

既可以输出又能不断输入,简直是一石二鸟。不用在意是否有粉丝关注,因为我们的目的是拥有并尽情享受为自己发声的专属空间。

成为一个充满好奇心的"小大人"

"为什么要那么做？"

"刚开始没多久就没耐性了？"

家长所无法理解的孩子的行为简直数不胜数。的确，孩子很容易变心，也很容易失去耐心。所谓孩子就是"好奇心"的代名词。相较于大人而言，来到这个世界还不久的孩子对看到的和听到的一切都很感兴趣。他们好奇心旺盛，不知疲倦地到处跑来跑去。

你觉得孩子很快就失去了耐心，其实他只是在丰富自己的阅历。对孩子而言，"当下"就是他小小世界的全部。虽然也有一些例外，不过一般来说女生上了小学五年级后，男生大概在中学二年级的暑假之后才会开始对未来感到焦虑。其证据就是：孩子不会在"当下"为未来作准备，孩子更倾向于根据兴趣和关注点来采取行动。

请思考一下这句话:"孩子都是由好奇心驱使的。"然后你就能理解孩子对于"现在"的感受了,那么"为什么偏偏现在要做这个"一类的疑惑与焦虑就会减少。

父母学着像孩子一样生活,不也很好吗?

说到底,好奇心是行动力的源泉,也是让人保持兴奋的能量源。成年人同样需要好奇心的驱使。

但是育儿过程中的每一天几乎都是同一模式,这很容易导致孩子的好奇心被抹杀。

每当此时,请静静地注视,并试着观察一下孩子。

比如,大受孩子欢迎的战国武将之间肯定存在共同点,弄明白这一点肯定会帮助你更好地理解孩子。即使是不感兴趣的漫画和游戏,也一定会有一两个你喜欢的角色吧。

学会享受"现在",而不是陷入对未来的幻想中惴惴不安。

许多风投公司的经理仿佛孩童般充满好奇心,但这并不影响他们以纯真的视角为武器,逐步改造这个社会。

家长感兴趣的内容，可以让孩子一起学

对于在家庭和学校之间两点一线的狭窄范围内成长的孩子来说，父母能提供的是"信息"。

"有这样的活动呀，想去看看吗？""你看，这个体验课好像很有意思！"父母把在手机上浏览到的信息分享给孩子，鼓励他参与，这就是一种很好的做法。在与日常生活截然不同的新天地中，体验学习平时接触不到的事物，为拓宽孩子的视野引导方向。

不过，父母最好不要自己觉得好就强行把孩子带去，这样一般没什么好结果。给孩子提供机会是很好的，但是请把最终决定是否要去的权利交到孩子手上。

我曾经在日本东京大学攻读教育学硕士学位，至今仍和当时的同学保持着联系。他们有时还会来"妈妈学习会"做客。

令人惊讶的是，**他们中的许多人都提到小时候曾参与父母**

爱好的经历。

当然,这并不是说他们的父母从不考虑孩子的意愿,不带他们去游乐园或主题公园。很多优秀的学生回忆起自己的童年,似乎总会想起父母做自己感兴趣的事情时兴高采烈的样子。比如,跟着爱好打棒球的父母去棒球场,跟父母一起去看演唱会,又或者是一起去电影院或钓鱼圣地等地方。

美食之旅、登山、露营、泡温泉,或者看一场外国歌手的演唱会、参观京都的禅寺等,对孩子来说都是接触新鲜事物的机会。不过,与父母一起享受全新体验的感觉会更加特别。

我曾经拜托日本集英社的编辑带我和喜欢看漫画的长子一起参观了《周刊少年Jump》的编辑部。

后来儿子告诉我说,最令他感动的不是珍贵的人气漫画原稿,也不是所有粉丝都梦寐以求的海报,而是真心热爱漫画的主编的激情演讲以及现场各位编辑们的工作热情。

大人积极对待爱好的样子能够对孩子产生不可估量的影响。目睹大人们活跃的样子,孩子能够切身感受到"大人看起来很开心""长大一定很有趣"。

这也是孩子一生中不可或缺的"学习"。

育儿就像做实验

我认为，育儿就像一场不断重复的实验。读者们看到"实验"这个词时可能会有些惊讶，但其实育儿就是一个持续试错的过程。所以我才用了"实验"这个词来帮助理解。

只有试过才知道什么是好的育儿方法。育儿不存在唯一答案，只存在适合每个孩子的最优解。所以，与孩子相处的每一天都是在重复观察与"实验"。

比如，"用对待别人家孩子的方式来对待自己的孩子"就是一个很有趣的实验。

假如孩子在吃饭的时候不小心把水洒了，肯定有不少妈妈会数落自己的孩子："哎呀，又把水洒了！快点擦干净。"

假如那是别人家的孩子，是不是就会是另一种态度了？比如："没事吧，裤子湿了吗？""我帮你擦下吧。"

请尝试一下这样的实验。看到平时一直很严厉的妈妈突然变得温柔，孩子应该会惊得目瞪口呆吧。

如果我们改变一下平时的说话方式会怎么样呢？换个角度

观察孩子呢？把这些不同的问题当作做实验来试一试吧，这才是育儿的乐趣所在。孩子会有什么反应，会有怎样的举动，说不定结果会很有趣。

当有烦恼时，我们很容易陷入"这种烦恼会一直持续下去"的错觉中。另外，随着孩子的成长，烦恼也会发生变化。现在烦恼这个，明年说不定就变成别的什么了。

既然如此，为什么不多享受一下每天的生活呢？

眼前这个孩子的年龄增长一岁就永远不会再倒退了，五岁的孩子明年就六岁了，进入成长的下一个阶段了。孩子每天都在一点一点变化。假如有些事情只能现在做，那么一边享受生活一边做"育儿"实验，何乐而不为呢？

孩子的天赋与植物发芽的过程相似。发芽需要充沛的水源、适当的温度。但是浇水太多就会使根腐烂，甚至会让植物死亡。**同样，请时刻关注自己给予孩子的爱是否过度了。**

父母越强势，就越会不断地给孩子"做加法"。然而对于育儿来说，简单才是王道。请多做减法，舍弃掉多余的情感，才能让孩子更顺利地成长。如果孩子有需要就给予帮助，如果帮助过头了就要及时止损。这些只要仔细观察孩子，就都会明白。

因为育儿没有标准答案，所以失败了也没关系，可以从失败中汲取经验。

妈妈好，才是真的好

最后，我想再给大家介绍两位妈妈的案例。

案例一：

"听到老师建议'希望妈妈们享受自己喜欢做的事情'，我特别认同，我开始积极参与各种亲友小聚、午餐会、兴趣班……但是有一天丈夫很生气地对我说：'孩子备战考试的重要时期，你都在干什么呢！'我也确实觉得对不起孩子，从那之后，我就渐渐地没有办法享受自己的时间了。"（化名　上野）

案例二：

"我不太认同老师说的'妈妈要先享受自己的生活'。哪怕正在吃美味的甜点，或者正在旅游，我都十分惦念孩子，根本没有心情去享受。孩子哪天要是考上了名牌中学，我才能真正放下心来享受生活。"（化名　田原）

这是在我发出"妈妈们享受自己的生活吧"倡议之后,经常听到的两种反馈。

"好好享受",其实不仅限于酒会、午餐会、音乐会等应酬活动,甚至不需要特意去某类场所,哪怕在家也可以很好地享受生活。

家长们可能会因为只有自己很快活而感到愧疚,尤其是孩子在备战中考等学习过程中碰壁的时候。但是,就算家长陪着孩子一起严肃认真地应对考试,共渡难关,孩子的压力也会只增不减,而家长也会跟着孩子一起紧张不安。但是对于孩子来说,这些写在脸上、藏在话里的紧张感不会有任何助益。

而且,在这种长期压抑的状态下,孩子的缺点会变得显而易见。请意识到:看到显而易见的缺点后,家长因批评孩子而给孩子造成的心理负担可能让事态进一步恶化,这才是更为严峻的问题。所以,日常生活中,还是寻找快乐与动力更有利于身心健康。

比如,早餐为孩子准备超级好吃的麦片。这样的话,孩子就会因为想快点吃到早餐而早起了。看到孩子微笑着吃完早餐,父母心情就会很好,生活中的快乐就是这么简单。这样的享受怎么样?就算孩子在辛苦备考,你也不会感到愧疚吧。

家长的世界观会对孩子产生影响。孩子能否过上精神富足的生活，取决于父母的日子是否过得充实。假如妈妈能够享受人生，生活中多一点微笑，孩子也能感受到快乐。看到这样的妈妈，孩子就会主动成长，成为一个能够发扬自己优点的孩子。

本书已然接近尾声。我想最后再分享一个观点，作为收尾。如果被问到"父母能为孩子做些什么"，我会做以下回答：

①给予认同。
②静静守护。
③保留热忱。

与其斥责孩子，不如给予孩子认同。静静守护孩子的成长，适当引导孩子思考。保留自己的初心与热忱，这同样可以感染孩子。

不要试图改变孩子，要先去改变自己。
试着把注意力集中在自己的爱好上。
这样，你便能够看到孩子的优点，积极的状态化为语言，从而影响孩子的一生。

之前，没有多少人会相信。

所以，我建议你可以先实践。毕竟，"实践出真知"。

最后，我要补充一点。这个补充是发扬优点的过程中必然会出现的疑问，书中有几处也曾提及，在这里我重新梳理总结一遍。

"即便只看优点，也有不得不先改正缺点的时候。这种时候该怎么办呢？用肯定的眼光来看待一切就一定没事吗？"

如果有需要修正的地方，大可修正便是。因为有时候修正缺点确实更为紧急。在这种情况下，要记住不要情绪激动地下达命令，而是冷静地教给孩子正确的道理。

这里的"情绪"是一个关键点，因为控制情绪还是有一定难度的。在焦躁不安的状态下，家长往往只看得到孩子的缺点和劣势。于是，受情绪的影响，家长就会想要去纠正孩子的缺点。有的时候这样做也没关系，但是一旦常态化后，就会出现问题。

所以我建议，先从观察优点开始。因此，家长们要维持积极的心态也成为一个重点。此外，本书中还列出了具体的"缺点→优点转换表"。当察觉到之前被你误认为缺点的其实是优点时，你会改变自己的观点。

这样看来，我们会发现：与其从纠正缺点入手，不如从发扬优点入手，后者的优势要远远高于前者。

到此为止，本书就结束了。感谢各位读者的陪伴，期待与你再次相遇。

石田胜纪　于自宅居家办公时

后 记

自从二十岁开始创业、开办补习班以来，我结识了许多孩子。其中既有学习好的孩子，也有成绩差的孩子。但是，越接触孩子我越觉得：根本不存在没有才能的孩子。之所以这么说，是因为我在指导四千多名孩子的过程中自然而然习得了一项技能。

这项技能就是，面对初次见面的孩子，我会先着眼于他的优点。久而久之，这就成了一种习惯。一般我会首先想"这是个怎样的孩子"，然后会优先观察"这个孩子身上的可能性（优点）在哪里"，几乎完全不去看他身上的缺点。因为我知道，从一开始就专注发扬优点，更有利于孩子的综合发展。

这种方法也常见于经营管理学中。假设商品A销量很好，商品B销量很差。如果优先考虑在提高商品B的销量上下功夫，那么总的来看销量一定会减少。但是，假如从一开始就去考虑让商品A的销量更上一层楼的方法，那么综合销量就会增加。这条法则也同样适用于人，进一步发展优势更有利于全面发展。这条法则也得到了许多专业人力资源管理人士的一致认可。

因为知道了这条法则，所以我在三十多年前就已经开始采用这种方法教育孩子了。不仅如此，我还把这个方法教给了许多家长。特别是在"妈妈学习会"上，我总是会向妈妈们强调这一点。实际上采用了这种方法的妈妈们也都很惊讶。

"不知道为什么，孩子开始主动做一些之前他不愿意做的事情了。"这并不奇怪，因为法则如此才会有此结果。不过在亲自实践